JN144282

「世界」が誤る慰安婦問題

「非道」の烙印

上田英明

展転社

序文――本当に「合意」はできたのか？

平成二十七年（二〇一五）十二月二十四日、クリスマスイブの夕刻であった。テレビの報道番組中にニュース速報が流れる。それは、安倍晋三首相が岸田文雄外相に、いわゆる慰安婦問題妥結を意図する年内の韓国訪問を指示したという内容であった。

この頃、十二月十七日には朴槿恵大統領に対する名誉毀損により、韓国で起訴されていた産経新聞前ソウル支局長・加藤達也氏に無罪判決が下り、同月二十三日には日本統治時代に「強制徴用」されたという人の遺族による「日韓請求権協定」は無効という訴えを韓国の憲法裁判所が退けるという、従来日本国に対して強硬姿勢を貫いてきた韓国側の司法判断に変化が見られる大きな出来事が続いたため、この流れを受けて首相が決断したものと思われる。

この申し出は、韓国側には唐突に感じられたに違いない。それまで、韓国メディアはこの問題の年内の妥結が難しいと結論づけ、盛んに韓国政府を批判していたからである。

速報を見た時、正直私もそれは無理だろうと思った。理由を一言で言うなら「相手が韓国だから」。最近の姿勢に軟化が感じられるとはいえ、韓国が基本的に「反日」国家であることには変わりなく、容易に価値観は共有し得ない。

この年五月には「明治日本の産業革命遺産」世界文化遺産登録勧告への反対で水を差された。六月には日韓外相会談が行われ、相互協力で「合意」したとされながら、実際には双方の認識に隔たりがあり、七月の登録決定の段階では判断が一日持ち越されて、最終的に「強制労働」表記を認めさせられるという禍根を残した。まして、慰安婦問題に対する両国の認識にはあまりに隔たりが大きく、簡単に「合意」できるとは到底思えない。

翌週月曜日に当たる十二月二十八日、岸田外相が訪韓し午後に日韓外相会談が行われ、その後両外相揃っての記者会見となった。意外にも、慰安婦問題は妥結で「合意」したという。

会見では、まず岸田外相が三つの要件を発表した。

産経新聞同年十二月二十八日付記事に基づき以下に示す。

①慰安婦問題は、当時の軍の関与の下に、多数の女性の名誉と尊厳を深く傷つけた問題であり、かかる観点から、日本政府は責任を痛感している。

安倍（晋三）内閣総理大臣は、日本国の内閣総理大臣として改めて、慰安婦として数多の苦痛を経験され、心身にわたり癒しがたい傷を負われたすべての方々に対し、心からおわびと反省の気持ちを表明する。

②日本政府は、これまでも本問題に真摯に取り組んできたところ、その経験に立って、今般、日本政府の予算により、すべての元慰安婦の方々の心の傷を癒す措置を講じる。具体的には、韓国政府が、元慰安婦の方々の支援を目的とした財団を設立し、これに日本政府の予算で賃金を一括で拠出し、日韓両政府が協力しすべての元慰安婦の方々の名誉と尊厳の回復、心の傷の癒しのための事業を行うこととする。

③日本政府は前記を表明するとともに、前記②の措置を着実に実行するとの前提で、今回の発表により、この問題が最終的かつ不可逆的に解決されることを確認する。あわせて、日本政府は韓国政府と共に、今後、国連等国際社会において、本問題について互いに非難・批判することは控える。

なお、予算措置の規模は概ね十億円程度とのこと。

え、謝るの？　この発表をテレビで見ていてまずそう思った。慰安婦問題に関してもう謝る必要はない。それが私の持論である。

平成四年（一九九二）、朝日新聞が日本軍の慰安所経営に対する「関与」を示す資料を発見した旨のスクープ記事を掲載して以来、日本は散々謝ってきた。慰安婦問題の解決を促す人々の多くは謝れば済むと考えているようだが、そうではない。謝ればそれを根拠に、国家が賠償責任を負えと求められる。平成五年（一九九三）の「河野（こうの）談話」がまさにそうだった。この談話は先般死去した当時の金泳三大統領の「日本政府に対していかなる物質的補償も要求しない」旨の意向を前提として出したものであったが、以後これを根拠としていまだに責められ続け、これに異議でも唱えようものなら誠意がないと非難される。

もっとも、客観的に考えると謝罪なしに妥結などあり得ない。日本側にとっては最大限の譲歩であったと思う。

続いて、韓国側の尹炳世外相も次の三つの要件を発表した。

①韓国政府は、日本政府の表明と今回の発表に至るまでの取組を評価し、日本政府が前記①、②で表明した措置が着実に実施されるとの前提で、今回の発表により、日本政府と共に、この問題が最終的かつ不可逆的に解決されることを確認する。韓国政府は、日本政府の実施する措置に協力する。

②韓国政府は、日本政府が在韓国日本大使館前の少女像に対し、公館の安寧・威厳の維持の観点から懸念していることを認知し、韓国政府としても、可能な対応方向について関連団体との協議を行う等を通じて、適切に解決されるよう努力する。

③韓国政府は、今般日本政府の表明した措置が着実に実施されるとの前提で、日本政府と共に、今後、国連等国際社会において、本問題について互いに非難・批判することは控える。

②の少女像（慰安婦像）に関しては、同年十一月十一日に韓国のソウルで行われた日韓局長級協議でも挙がっていたとされる。

聯合ニュース同日付記事はこう報じている。

【韓日局長　慰安婦問題で接点模索もなお隔たり】

《協議で韓国側は韓日首脳会談後に確認できていない内容がメディアで相次いで報道されたことについて強い遺憾の意を表明した。日本側はソウル・日本大使館前の慰安婦を象徴する少女像の撤去のほか、妥結した場合に韓国側が問題を蒸し返さないよう「最終解決の保証」などを求めた。

少女像の撤去について韓国側は「民間が自主的に行うもので、政府が関与することはできない」と

した上で、「慰安婦問題がしっかり解決されていれば、このようなことが起きただろうか」と反論した》

局長級協議は同年十二月十五日に東京でも行われながら、こうした認識の隔たりから年内の妥結は困難と言われていたのだが、ここに来て韓国側も相応の譲歩をしたと言える。

そして双方の「今後、国連等国際社会において、本問題について互いに非難・批判することは控える」という発表に「問題を蒸し返さない」という、かねてからの日本側の要望が反映された。

なお、岸田外相はこの会見後、先の十億円程度の予算がいわゆる「国家賠償」ではないことを明言している。

そして韓国側の希望により、この発表は明文化されなかった。

この「合意」が世間ではどう受け止められたのか。慰安婦問題とは切っても切れない、安倍政権に対して批判的な朝日新聞は同年十二月二十九日付社説でこう述べている。

【慰安婦問題の合意　歴史を越え日韓の前進を】

《戦後70年であり、日本と韓国が国交正常化してから半世紀。そんな1年の終わりに、両政府の最大の懸案だった慰安婦問題で合意に達した。

節目の年にふさわしい歴史的な日韓関係の進展である。両政府がわだかまりを越え、負の歴史を克服するための賢明な一歩を刻んだことを歓迎したい》

朝日新聞は、かつて河野談話の見直しにも言及した安倍首相が「心からのおわびと反省」を表明したことを評価した。

続いて、やはり安倍政権に批判的な毎日新聞同日付社説。

【慰安婦問題　日韓の合意を歓迎する】

《日本と韓国が慰安婦問題を最終決着させることで合意した。四半世紀にわたって両国間に突き刺さってきたとげだ。戦後70年、日韓国交正常化50年という節目の年に合意できたことを歓迎したい》

同社説は韓国側の「蒸し返し」に言及しながらも、むしろ日本側の対応を責めるような論理を展開している。

《ただ、問題を蒸し返してきたのは韓国側だけではない。政府間で前向きな動きがあっても、日本の政治家やメディアが植民地支配を正当化したり、元慰安婦を中傷したりしたことが、日韓関係をより複雑化させてきたことは事実だ》

当然の如く「植民地支配を正当化」という段階で同調できない。

保守層からは「合意」に不満の声が上がったとされる。とはいえ、保守系とされる読売新聞同日付社説は反対姿勢を示したわけではなく、内容的には主に韓国側への要望であった。

【慰安婦問題合意　韓国は「不可逆的解決」を守れ】

《未来志向の日韓関係の構築には、韓国が合意を誠実に履行することが大前提となろう》

韓国メディアから「右翼」呼ばわりされる産経新聞は、社説に当たる同日付「主張」欄で懸念を表明している。

【慰安婦日韓合意、本当にこれで最終決着か　韓国側の約束履行を注視する】

《不正常な状態が続く日韓関係をこれ以上、放置できなかった。膠着（こうちゃく）していた慰安婦問題の合意を政府が図ったのは、ここに重点を置いたものだろう》

こちらも決して「合意」自体に反対しているわけではなく、安倍政権の決断に理解を示しながら、最後をこう締め括った。

《韓国側は過去、日本側の謝罪を受け何度か、慰安婦問題の決着を表明しながら、政権が交代し、蒸し返した経緯がある。

「妥結」の本当の評価を下すには、まだ時間がかかる》

そう考えるのが自然だと私も思う。

それなりの反発はあったものの、日本国内で大きな混乱はなかったと言っていい。また、この問題で決して日本の味方とは言えないアメリカを始め、中国以外の「世界」各国も概ね「歓迎」の意を示した。

問題は韓国だ。朝日新聞同年十二月三十日付記事はこう報じた。

【韓国主要紙、慰安婦問題合意を評価　「未来に向け進む」】

《29日付の韓国主要紙は、慰安婦問題をめぐる日韓合意を1面トップで伝えた。安倍政権の歴史認識をめぐる今後の行動に不安を抱えつつも、総じて合意を歓迎した。背景には「国と元慰安婦の利益を考えて欲しい」と訴える韓国政府の働きかけもあった》

同記事は《再交渉を訴えたのは、最左派のハンギョレ新聞程度だった》と述べている。実際、ハンギョレ新聞は同年十二月二十九日付記事を【「慰安婦」議論に終止符を打った取り返しのつかない最終合意】というかなり厳しい見出しで報じていた。

一方、産経新聞同年十二月二十九日付記事はニュアンスが異なる。

【韓国メディア概ね歓迎も…「これまでの行動、不適切だったことに」「自らの手足縛る」】

《慰安婦問題の「最終的解決」で合意した日韓外相会談について29日付の韓国各紙は、日韓関係改善の観点からもおおむね歓迎し、安倍晋三首相による「おわびと反省の表明」を「新たな一歩」と肯定的に評価した。一方で、「法的責任を日本が認めなかった」と不満を示す論調も目についた》

私が見た限り、明確に反対するハンギョレ新聞はもちろん、保守・左派問わず「反日」であることに変わりがない韓国の他のどの新聞も仕方なく認めている感じで、「歓迎」しているとは思えなかった。

韓国側の論調の変遷は、朝鮮日報の社説を追っていくとわかりやすい。

まずは同年十二月二十九日付社説から。

【慰安婦交渉、韓日合意に対する評価と懸念】

《韓国と日本は28日に外相会談を開催し、このところ韓日関係において最大の難題となっていた慰安婦問題の解決案に合意した。韓日が一歩ずつ譲歩し、政治的に妥協した内容だ。韓日国交正常化50年に当たる今年が暮れる前に、両国政府がそれぞれ国内の負担を甘受しつつ接点を見いだしたのは、実に幸いだった》

一応評価しながらも、「妥協」という表現に本音が見える。

《今回の合意は、日本政府が婉曲的な手法で責任を認めつつも、法的責任は避けた内容になっている。両国の内部事情を考慮すると、こうした合意が避けられない側面はあるとも考えられる。しかし今後、日本国内から、今回の合意の精神を損なったり覆したりする言動が出て来る可能性は大いにある。当の岸田外相も、記者会見が終わるなり「法的責任がないという立場に変化はない」と明言した。今後、これ以上の発言も出てくるだろう。そういう状況になった場合にどうするのか、両国政府の説明が必要だ。

韓国政府は、日本側の約束が忠実に履行されるということを前提に、三つの約束をした。今回の合意が「最終的かつ不可逆的」なものであって、今後国連など国際的な舞台でこれ以上「非難・批判」をしないと言った。駐韓日本大使館前の少女像についても、「適切に解決されるよう努力」するとした。日本側が今回の交渉の過程で強く要求していた事項を、全て受け入れたわけだ》

そうした「妥協」を、近年悪化する日韓関係の改善や国際情勢を考慮したものとしながら、さらにこう述べる。

《しかし、この先韓日の間で何が起こるか分からない状況で「最終的かつ不可逆」と合意した部分が適切であったかどうか疑問だ。国際的な舞台で「非難を自制する」とした部分も、逆に韓国がこれまで国際社会で不適切な行動を取ってきたと受け止められる余地がある。少女像についても、日本の外相が早々と移転を既定事実化した発言をしているのは、韓国政府が何をどうすると言ったからなのか、国民の前で率直に説明すべきだ》

この辺りは先の産経新聞記事の見出しにも見られたが、見ての通り当初から決して「合意」を「歓迎」していたわけではない。むしろ不満を漏らしていたと言っていいのではないだろうか。

そして、わずか二日後の同年十二月三十一日付社説はこうなった。

【慰安婦合意、日本政府内から問題発言あれば破棄せよ】

この間何があったのか。それは同社説を読むのがわかりやすい。

《韓国政府と日本政府が従軍慰安婦問題の解決に向け合意に至った後も、日本からは今回の合意そのものを揺るがしかねない発言や動きが相次いで報じられている。日本のメディア各社は毎日のように事実関係がはっきりしない報道を続けており、また日本政府の複数の関係者、それも責任ある立場の人間が一連の報道と関係する発言を何度も行っているからだ。

たとえば日本の産経新聞の報道によると、安倍首相は合意が行われた翌日の29日「韓国の外相がテレビカメラの前で不可逆という言葉を口にした」と前置きした上で「ここまで発言した以上、もし約束を破れば韓国は国際社会の一員ではなくなるだろう」という趣旨の発言を行った。また朝日新聞は30日付で、日本大使館前に設置されている少女像の移転問題と関連して「日本政府は慰安婦支援財団に10億円を拠出する前提条件と考えている」などと報じた。安倍首相が本当にそのような発言を行い、また日本政府が本当にそのように考えているのであれば、今回の合意は最初から崩壊しているのと同じだ。

今回の合意の精神に反する言動は、実は合意の直後から相次いで報じられていた。日本の岸田外相は尹炳世（ユン・ビョンセ）外交部長官との記者会見が終わった直後、日本メディアに対し「我々が失ったのは10億円だけだ」と発言した。この発言が事実であれば、従軍慰安婦動員の強制性に対する日本政府の謝罪と反省の言葉に全くと言って良いほど真実味がなくなり、ただ10億円という現金への色づけに過ぎなくなってしまう。しかも翌日には従軍慰安婦関連資料をユネスコの世界文化遺産に登録する問題について「韓国政府が活動を中断する」とも報じられた。これでは「10億円と慰安婦問題を交換した屈辱的な交渉」という声が韓国国内から出るのも当然のことだ。

日本軍慰安婦問題は被害を受けた女性の数や動員の強制性、またその悲惨な生活などから、女性の人権をじゅうりんした事件の中では20世紀最悪のものだった。韓国政府は20年以上前から日本政府に対し「政府としての謝罪」と「法的責任の認定」を求めてきたし、国際社会もこれを全面的に支持してきた。それにも関わらず、韓国政府はこれまでの立場を全て放棄して合意に至ったが、それは何よりも米国との関係を重視し、さらに将来の日本との関係も同時に考慮したからだ。朴槿恵（パク・クンへ）大統領は合意が報じられた直後、元慰安婦女性と国民に対し「より大きな観点から理解してほしい」と訴えたが、それもこのような理由があったからだ。

日本側にも国内の政治的な事情があったはずだ。合意内容には「日本政府として責任を痛感」「謝罪と反省の表明」といった文言が入っているが、これらに対する日本国内の反発を安倍政権は抑えなければならない。しかし現在、日本国内の反発世論や報道内容は想定されたレベルをはるかに超えている》

文中の「世界文化遺産」は「世界記憶遺産」の誤りである（慰安婦問題資料が「文化」であるはずがない）。自国の常識で物事を考えるのが国際社会の定石ではあるが、自国の混乱に日本を巻き込まないでもらいたい。

先述の如く、あからさまに「合意」に反対した日本メディアはないし、「国内の反発世論」も言われるほど大きくはない。反発がなかったわけではないが、「合意」自体には賛成している人の方が多かった（ただし、多くはこれで問題が終わると思っていない）。「合意」する気があるなら、抑えるべきはまず韓国国内の「世論」であろう。

そして同社説は最後をこう締め括った。

《韓国政府は今からでも今回の合意内容の全てを国民に説明し、国民の判断を仰がなければならない。そして、万一安倍首相や日本政府関係者から合意の精神を傷つける発言が出た場合は、合意そのものを破棄するとの立場を明確にしておくべきだ》

言われるまでもなく、「今回の合意は最初から崩壊しているのと同じだ」。先の社説と併せて考えると、最初から「合意」など認めておらず、むしろ日本側に責任を押しつけることを大前提にそれを破棄する口実を探していたとさえ思える。

こうした論調は朝鮮日報に限らない。

中央日報同年十二月三十日付記事はこう報じた。

【「不可逆的」めぐり韓日間で解釈の違い】

《韓国と日本が旧日本軍慰安婦被害者問題に関し「最終的かつ不可逆的」合意をしたことをめぐり、両国政府が相反する説明を出した。双方の主張が異なり、慰安婦合意をめぐる論争は続くとみられる》

韓国側の解釈はこういうことらしい。

《特に「不可逆的」という表現を取り入れる問題は交渉中に韓国側が先に提起したものだという。日本の政治家が旧日本軍の慰安婦強制動員を初めて認めた河野談話（1993年）などを否定する発言を繰り返すことを念頭に置き、「もうこれ以上は言葉を変えるな」という趣旨で強調したということだ》

何でも日本のせいにするのが韓国という国なのである。つまり、蒸し返したのは日本側だということか。だが、先述した通り、韓国側が日本に賠償を求めないという前提があり、日本側は最終的解決のつもりで河野談話を出したにも拘らず、韓国側は国内「世論」に押されて方針転換し賠償を求めた。そして「旧日本軍の慰安婦強制動員を初めて認めた」と言っている時点で、日本政府とはすでに解釈が違っている。河野談話は「強制動員（強制連行）」を認めたわけではない。

何と言っても厳しかったのは、元慰安婦女性の反応である。

聯合ニュース同年十二月二十八日付記事がこう報じた。

【元慰安婦女性「交渉結果、すべて無視する」＝韓日合意に強い不満】

《慰安婦被害者の李容洙（イ・ヨンス）さんは28日、韓国と日本政府が発表した旧日本軍の慰安婦問題の交渉妥結内容について、「全部無視する」と強い不満を示した。

李さんはソウル市内で行った会見で、「慰安婦被害女性のためを思ってくれていないようだ。われわれはそれに合意したことがない」と述べた。日本政府に対しては「補償ではない法的賠償をすべき」と重ねて強調し、補償と賠償には明確な差があると語気を強めた。日本側が10億円を拠出して被害者への支援財団を設立するとの計画についても、「われわれは金がないからこうしているわけではない。罪があるならその罪に対する公式賠償をすべきではないか」と拒否する姿勢を示した。ソウルの日本大使館前に設置された慰安婦を象徴する少女像の移転が検討されていることについては、「何の権利で移すのか」と韓日両政府を厳しく批判した》。

この李容洙という女性は、同年四月末に安倍首相が訪米した際にもわざわざ合わせて渡米してまで非難していたほどの、元慰安婦女性らの中でも最も活動的な中心人物である。「合意」会見直後にこの調子なのだから、容易に事が進むとは到底思えなかった。

日本のテレビの報道番組で何度も報じられたのは、韓国外交部の高官が「合意」の翌日に元慰安婦女性らが共同生活を送る施設「ナヌムの家」を訪れ、元慰安婦女性らと面会した場面である。

そこで真っ先に食って掛かったのがこの李容洙さんであった。

そして聯合ニュース同年十二月三十日付記事がこう報じる。

【元慰安婦支援の市民団体　韓日の合意取り消し求める声明】

この問題を主導してきたのは当初から、韓国政府よりも民間団体「韓国挺身隊問題対策協議会」（挺対協）であった。

《挺対協の尹美香（ユン・ミヒャン）代表は同日、同団体が慰安婦問題の正しい解決に向けて世界的な行動を始めるとした上で、米国、欧州、アジアの市民団体と連帯することを明らかにした。また、韓国内で専門家や市民による組織を作り、全国各地に建てた平和の碑（平和の少女像）の前で、毎週リレー方式で水曜デモを行う計画と説明した。

挺対協は同日発表した声明文で「韓日政府は拙速な合意を直ちに取り消し、被害者の要求に耳を傾け、被害者が受け入れられる正しい方法で慰安婦問題を解決せよ」と要求した》

こちらも聞く耳すら持たない。そして日韓の「合意」に反して、これまで以上に「世界」に訴えようとしている。

ちなみに聯合ニュースの同日付別記事では、世論調査会社・リアルメーター社の調査の結果、慰安婦像の移転には六十六・三パーセントが反対で（賛成十九・三パーセント）、若い世代ほど反対する傾向が強く、二十代では八十六・八パーセントにも上ることが報じられていた。

改めて問いたい。本当に「合意」はできたのか？　年末の「合意」が、年明けを待たずにこの状況。決裂は時間の問題だ、とその時私は思った。

先の朝鮮日報社説に見られたように、韓国側には自国の立場が国際社会から「全面的に支持」されているという自負があり、実際その傾向は否定できない。そしてそれは、韓国側がこの問題を誇張、いや、それこそ歪曲して「世界」に発信し、「世界」がさほど疑うこともなくそのまま鵜呑みにしてきたからである。

私自身、今回の「合意」によって本当にこの問題を終結できるならそれでも構わないが、おそらく韓国国内「世論」がそれを許さないし、第一「合意」によって国際社会の誤解が解けたわけではない。誤解を解く働きかけは別の問題と捉えて続けていかねばならず、日本国は「世界」に向け、より一層真実を主張し続けるべきである。

慰安婦問題における国際社会の誤解の元凶と言っても過言ではない中央大学教授・吉見義明氏は、ハンギョレ新聞二〇一六年一月八日付インタビュー記事でこの「合意」についてこう述べた。

【従軍慰安婦研究の吉見義明教授「日韓は合意を白紙化すべき」】

——合意以後に駐韓日本大使館前の少女像撤去問題が争点になった。

「加害国が被害国に記念物のようなものを撤去しろと要求するのは、普通はありえない話だ。ユネスコ世界記憶遺産の登録問題もそうだ。日本政府は河野談話で『永く記憶にとどめ』と国際社会に公約した。従って日本政府は中国などと協力して（慰安婦関連証言と記録を）ユネスコ記憶遺産に指定されるよう努力しなければならない。特に実際の慰安婦関連資料はほとんど日本が持っている」

——現実外交的に国家間の約束を一気に覆すことは容易でないという指摘もある。

「今回の合意が実行過程に入ったとして見よう。被害者が受け入れなければどうなるだろうか。それでは合意の履行が不可能になる。だから最終解決はされえないということだ。日本ではすでにこの問題が解決されたと受け止めている。日本は10億円の拠出を最後にすべての事業を韓国に押し付け、自身は何もしなくて済む。これで全てが終わりということだ。きわめてひどい話だ」

——今後、慰安婦運動は何を目標にすべきなのか。

「結局、韓日両国政府が手を組んで被害者に『もうこれ以上言うな』と押さえ込む構図を作った。今回の合意は常識的に考えればありえない内容が含まれており、白紙に戻して考えなければならない。時間がかかっても、困難に陥った時は根本に戻るしかない。被害者たちが韓国社会で孤立した状態ならば困るが、（現在の韓国社会の雰囲気から見て）そうでないことは幸いだ。この合意では日韓の相互信頼関係は作られない」

いつもながら思うが、一体この人は日本をどうしたいのか。吉見氏と一枚岩だった朝日新聞でさえ「合意」を歓迎している。「言論の自由」とはいえ、もういい加減にしてもらいたい。

日本側が持ち掛け韓国側が受け入れた「合意」をなぜ「日韓」が白紙に戻すのか。白紙に戻すとするなら、その時は百パーセント韓国側に責任を負ってもらう。

中国が主導する世界記憶遺産への登録に関しては、日韓が互いに「今後、国連等国際社会において、本問題について互いに非難・批判することは控える」と言っているから、参加を見送ってくれることを日本側が期待するのは当然だと思うが、韓国側は河野談話同様、むしろ今回の謝罪を根拠にそれを推し進めるつもりではないか。

そうなると、たしかに「合意」は存続し得ない。

だが、韓国が後ろ盾とする国際社会は今回の「合意」を概ね歓迎している。おそらく、その内容まで詳しくは知らないであろう。

日本側が持ち掛けた「合意」を韓国側が反故にした場合、「世界」はそれをどう受け止めるだろうか。政府はともかく、韓国国内「世論」が「合意」を拒絶している今こそ、日本国が「世界」に向けて真実を主張する絶好の機会である。

目次

「世界」が誤る慰安婦問題――「非道」の烙印

第三章　「世界」を誤らせた「こじつけ論法」

第四章　誇張される「証言」

第五章　「聖域」と化した慰安婦問題

第一章　日本に「非道」の烙印を押した「世界」

日本の歴史家を支持する？

「どんな言い逃れをしても、国際社会が許さない」

慰安婦問題に関してはよくこういうことが言われる。

平成二十七年（二〇一五）四月二十九日、訪米していた安倍晋三首相は米議会上下両院合同会議で演説を行ったが、直後の五月初旬、世界各国の歴史学者らが共同で声明を発表したことが中国・韓国のメディアを中心に報じられた。以下は朝日新聞平成二十七年（二〇一五）五月八日付記事から。

【米の日本研究者ら「偏見のない清算を」　慰安婦問題など187人が声明】

《米国の日本研究者や歴史学者ら187人が、戦後70年間の日本と近隣諸国の平和を称賛し、第2次世界大戦以前の「過ち」について「全体的で偏見のない清算」を呼びかける声明を発表した。慰安婦問題などの解決で、安倍晋三首相の「大胆な行動」に期待を表明している》

前年に元日本兵・吉田清治氏に関する記事が誤報であったと認めたこともあり、慰安婦問題では劣勢に立たされていた朝日新聞にとってはこれ以上ない後ろ盾である。

実際、この記事は一面で報じられ、「過ち」と断定した。

《「日本の歴史家を支持する声明」は、米英豪日などの日本やアジア関連の研究者、歴史家ら187人が5日、日本語と英語で公表した。研究が世界的に評価され、影響力が大きいハーバード大のエズラ・ボーゲル名誉教授やマサチューセッツ工科大のジョン・ダワー名誉教授らも署名。日本の研究者への応援という体裁だが、日本政府や国民へのメッセージにもなっている。

米シカゴで3月に開かれたアジア研究協会定期年次大会で、数人の研究者が声明について提案。4月下旬からの安倍首相の訪米前に公表すべきとの提案もあったが「必要以上の政治性をもたせたくない」（コネティカット大のアレクシス・ダデン教授）との理由で見送られた。訪米後に首相官邸に送り公表したという》

中国・韓国メディアもまた歴史学における世界的権威の、そして国際社会全体からの非難であるが如く報じる。これを主導したのがコネチカット大学教授のアレクシス・ダデンというアメリカ人女性で、主にダデン氏が声明を書き、ダデン氏を含む百八十七人がそれに署名をした。

朝日新聞は同日付で声明の全文を掲載している。

さすがに全文までは引用しないが、ダデン氏らが具体的に何を主張しているのかを検証していきたい。先述の如く、タイトルは【日本の歴史家を支持する声明】。

声明は冒頭でこう述べる。

《下記に署名した日本研究者は、日本の多くの勇気ある歴史家が、アジアでの第2次世界大戦に対する正確で公正な歴史を求めていることに対し、心からの賛意を表明するものであります》

「日本の歴史家」が誰なのかはこの先を読んでもわからない。先の記事の通り、この後「戦後70年間の日本と近隣諸国の平和を称賛」しながら、一気に突き落としてくれた。

《しかし、これらの成果が世界から祝福を受けるにあたっては、障害となるものがあることを認めざるを得ません。それは歴史解釈の問題であります。その中でも、争いごとの原因となっている最も深刻なことのひとつに、いわゆる「慰安婦」制度の問題があります。この問題は、日本だけでなく、韓国と中国の民族主義的な暴言によっても、あまりにゆがめられてきました。そのために、政治家やジャーナリストのみならず、多くの研究者もまた、歴史学的な考察の究極の目的であるべき、人間と社会を支える基本的な条件を理解し、その向上にたえず努めるということを見失ってしまっているかのようです。

元「慰安婦」の被害者としての苦しみがその国の民族主義的な目的のために利用されるとすれば、それは問題の国際的解決をより難しくするのみならず、被害者自身の尊厳をさらに侮辱することにもなります。しかし、同時に、彼女たちの身に起こったことを否定したり、過小なものとして無視したりすることも、また受け入れることはできません。20世紀に繰り広げられた数々の戦時における性的暴力と軍隊にまつわる売春のなかでも、「慰安婦」制度はその規模の大きさと、軍隊による組織的な管理が行われたという点において、そして植民地と占領地から、貧しく弱い立場にいた若い女性を搾取したという点において、特筆すべきものであります》

韓国メディアはこの声明がまるで安倍首相に対する一方的な批判であるかのように報じ、この問題とはあまり関係がない中国メディアまでそれに乗っかっていたが、実は「その国の民族主義的な目的のために利用されるとすれば」と韓国と中国もまた批判されている。

正直、韓国にとって慰安婦問題は「反日」の手段でしかないと私自身は思っているが、だからどうだと言うのか。そもそも慰安婦問題は、韓国側の感情的かつ一方的な主張から始まった。

非人道的制度？

声明はさらにこう決めつける。

《「正しい歴史」への簡単な道はありません。日本帝国の軍関係資料のかなりの部分は破棄されましたし、各地から女性を調達した業者の行動はそもそも記録されていなかったかもしれません。しかし、女性の移送と「慰安所」の管理に対する日本軍の関与を明らかにする資料は歴史家によって相当発掘されていますし、被害者の証言にも重要な証拠が含まれています。確かに彼女たちの証言はさまざまで、記憶もそれ自体一貫性をもっていません。しかしその証言は全体として心に訴えるものであり、また元兵士その他の証言だけでなく、公的資料によっても裏付けられています。

「慰安婦」の正確な数について、歴史家の意見は分かれていますが、恐らく、永久に正確な数字が確定されることはないでしょう。確かに、信用できる被害者数を見積もることも重要です。しかし、最終的に何万人であろうと何十万人であろうと、いかなる数にその判断が落ち着こうとも、日本帝国とその戦場となった地域において、女性たちがその尊厳を奪われたという歴史の事実を変えることはできません》

元慰安婦らの「証言」は様々で、記憶自体にも一貫性がないと認めながら、「心に訴える」という理由で史実と認定されてしまうのだから堪らない。情感たっぷりに嘘を言えばでっち上げも十分可能である。

ここで言う「元兵士」は、まさか朝日新聞もその「証言」を虚偽と認めた吉田清治氏のことだろうか？

裏づけの「公的資料」とは具体的に何を示しているのか。また、《永久に正確な数字が確定されることはない》慰安婦の人数の話をなぜわざわざここで持ち出したのか。

《歴史家の中には、日本軍が関与していた度合について、女性が「強制的」に「慰安婦」になったのかどうかという問題について、異論を唱える方もいます。しかし、大勢の女性が自己の意思に反して拘束され、恐ろしい暴力にさらされたことは、既に資料と証言が明らかにしている通りです。特定の用語に焦点をあてて狭い法律的議論を重ねることや、被害者の証言に反論するためにきわめて限定された資料にこだわることは、被害者が被った残忍な行為から目を背け、彼女たちを搾取した非人道的制度を取り巻く、より広い文脈を無視することにほかなりません》

恐ろしい暴力。残忍な行為。非人道的制度。酷い話のようだが、日本軍は具体的に何をしたのか。《特定の用語に焦点をあてて狭い法律的議論を重ねること》《被害者の証言に反論するためにきわめて限定された資料にこだわること》と言うが、先のような抽象的な言葉を並べ立て、「より広い文脈」というさらに抽象的な概念を勝手に作り出した。

日韓の二国間における争点はあくまで「強制連行」の有無である。「強制連行」を認めろの一点張りである韓国に対し、それは認められないと日本が反論しているところに、慰安所の存在そのものが悪いと横槍を入れてくるから話が噛み合うはずがない。それがこの問題を複雑にしている。

この後、アメリカの人種差別問題などにまで言及しつつ、声明は次のように締め括られた。

《私たちの教室では、日本、韓国、中国他の国からの学生が、この難しい問題について、互いに敬意を払いながら誠実に話し合っています。彼らの世代は、私たちが残す過去の歴史と歩むほかないよう運命づけられています。性暴力と人身売買のない世界を彼らが築き上げるために、そしてアジアにおける平和と友好を進めるために、過去の過ちについて可能な限り全体的で、できる限り偏見なき清算を、この時代の成果として共に残そうではありませんか》

随分と勝手なことばかり言っている。

アメリカ歴史教科書への是正要請

安倍首相の演説直後だけに、外圧に弱い多くの日本人は【日本の歴史家を支持する声明】が中立な国際社会からの「警告」で、日本政府が「世界」を敵に回したと感じたかも知れない。

だが実は、この数ヶ月前に伏線があったのである。

産経新聞は平成二十七年（二〇一五）一月十二日付で次のように報じた。

【慰安婦「強制連行」記述の是正を正式要請　外務省、米教科書会社に　協議は継続のもよう】

《外務省は11日までに、米カリフォルニア州ロサンゼルス市や同市近郊の公立高校で使用されている世界史の教科書に、旧日本軍が慰安婦を「強制連行」したとする史実と異なる記述がされている問題で昨年末、教科書の出版社に記述内容の是正を正式に要請したことを明らかにした。政府関係者によれば、出版社側から明確な回答が得られず、協議は継続していくことになったもようだ。

問題の教科書は、米大手教育出版社「マグロウヒル」（本社・ニューヨーク）が出版した「伝統と交流」。

先の大戦を扱った章で「日本軍は14～20歳の約20万人の女性を慰安所で働かせるために強制的に募集、徴用した」「逃げようとして殺害された慰安婦もいた」などと、強制連行があったかのように記述されている。「日本軍は慰安婦を天皇からの贈り物として軍隊にささげた」と明白な虚偽内容も含まれている》

まず述べておくと、アメリカの歴史教科書すべてにこうした記述があるわけではなく、問題とされたのはあくまでマグロウヒル社の『伝統と交流』という世界史教科書のみである。同教科書の実際の採択状況までは不明ながら、同紙平成二十七年（二〇一五）一月二十七日付記事によれば、カリフォルニア州の他にテネシー、ジョージア、ノースカロライナ、フロリダの四州でも採択候補リストに入っているという。

外務省によると、前年十二月中旬、在ニューヨーク領事館員がマグロウヒル社担当幹部と面会し記述内容の是正を要請したが、折衝は不調に終わったと見られる。

一方、ハンギョレ新聞同年一月十二日付記事は次のように報じた。

【日本政府、米教科書出版社に「慰安婦」記述修正要求】

《日本政府が「慰安婦は性奴隷」とする国際社会の常識を覆すため米国の教科書出版社にまで慰安婦関連記述の修正を要求したことが確認された》

「慰安婦は性奴隷」は「国際社会の常識」。いかにも韓国メディアらしい報じ方である。

朝鮮日報同年一月二十一日付記事はまずこんな見出しを掲げた。

【日本政府が米教科書記述に圧力、米専門家ら反発】

同記事によれば、先の慰安婦記述の他、《南京大虐殺時に中国人の首を切る写真を削除するよう圧力をかけた》という。その写真が仮に私が知る写真と同じなら、「南京大虐殺」の証明になる根拠がないので、削除は当然だと思うが……。

それはともかく、朝鮮日報は日本側の「是正要請」を「圧力」と言い換え、また自身に味方してくれる人々も心得ているらしく、見出し通りこれに反発するアメリカの「専門家」に意見を求めて、相も変わらず見事に問題を拡大させる。

《ジョン・ホプキンス大学のデニス・ハルピン高等国際関係大学研究員は20日、本紙の電子メールによるインタビューで、「写真などを削除するよう要求することは、イスラム原理主義を主張するイスラム戦士たちがフランス・パリの時事週刊誌の風刺画掲載に反発したのと似ている。言論の自由のための問題提起だ」と述べた。コネチカット大学のアレクシス・ダデン歴史教授は「米国の教科書に対する日本の歴史歪曲行為は、学術の自由に対する直接的な脅威だ」と批判した。

日本の慰安婦問題に対する消極的な姿勢を指摘し続けてきた米研究機関「アジア・ポリシー・ポイント」のミンディ・コトラー所長もマスコミのインタビューで「安倍政権は建設的な過程へと進まず、自分自身を破壊する経路に入った」と述べた。ワシントンの政治情報を掲載する「ネルソン・リポート」には、匿名希望の北東アジア専門家が「米国の学者・出版業者らは、日本に対し歪曲行為をすぐさまやめるように促すべきだ」という文章を掲載した》

無数にあるであろうアメリカの歴史教科書の中で、あまりにも偏見に満ちた特定の一冊に対する是正要請を「米国の教科書に対する日本の歴史歪曲行為」とまで言われては堪らない。これが「米国の学者・出版業者」全体で対応すべき問題か。第一、日本の教科書検定自体を批判し、歴史教科書全体の記述の一字一句に逐一文句を言ってくる韓国のメディアにこんなことを言われる筋合いはない。

安倍首相も「愕然」

平成二十七年（二〇一五）一月二十九日、安倍晋三首相はマグロウヒル社世界教科書について、その内容に「愕然とした」と国会答弁で述べた。

これにハンギョレ新聞が同年一月三十日付記事で即座に反応する。

【安倍首相、米国教科書の慰安婦記述に「本当に愕然とした」？】

《安倍晋三首相の歴史認識が改めて俎上に上がった。日本の政界とマスコミで、安倍首相が明らかにした敗戦70周年の「安倍談話」の表現に対する論議が続く中で、安倍首相が今度は慰安婦問題を扱った米国の教科書について「愕然とした」と話し問題となりそうだ。

安倍首相は29日の衆議院予算委員会に出席して、米国の公立高等学校教科書に載った慰安婦関連の記述内容を見て「本当に愕然とした」と話した。

彼は「（慰安婦強制徴用など）訂正すべき点を国際社会に向かって訂正してこなかった結果、このような教科書が使われている」として、今後一層積極的に修正を要求すると強調した。

安倍首相はまた「国際社会ではつつましくしていることによって評価されることはない。主張すべき点はしっかり主張していく」と話したと読売新聞が伝えた》

同記事はただ一冊の教科書に対する感想を、安倍首相がアメリカ政府から睨まれているかのような論理に展開させた。

《安倍首相を筆頭とした日本政府の過去史認識に対する憂慮は、米国政府からも出ている。米議会調査局（ＣＲＳ）は20日に出した米日関係報告書で「第２次大戦時期の日本軍慰安婦問題、靖国神社参拝、東海（日本海）と東シナ海領土紛争と関連した安倍首相の接近態度は、全て領域内の緊張を触発する要因」と指摘した。

また「安倍首相の談話が率直な謝罪に達し得ないという観測を触発している」と指摘した。

この報告書は「（安倍首相が）アジア各国に対する侵略を否定する歴史修正主義的観点を持っていると見られる」と分析したと朝日新聞は伝えた。

米議会当局は昨年９月に出した報告書でも「歴史的傷をひっかき回す安倍政権の態度は東アジアで米国の利益に損害を与えている」と批判した。

これに先立ってサキ米国国務省報道官も５日に安倍首相が河野談話と村山談話を継承することを望むという意見を明らかにした》

慰安婦問題と靖国神社参拝はまだわかるとして（これも韓国や中国の思い込みによる影響が大きいと私は思っているが）、「東海（日本海）と東シナ海領土紛争と関連した安倍首相の接近態度」に関して安倍首相だけが責められる問題なのだろうか。これをアメリカ政府が言っているとして、なぜ安倍談話が「謝罪」でなければならないのか、なぜ中国・韓国、そしてその一方的主張を鵜呑みにする第三国、特にアメリカの誤った歴史認識を「修正」してはいけないのか。

何より、「歴史的傷をひっかき回す」は言い過ぎであろう。河野談話、村山談話の継承は、当の日本国民が納得するのか?

産経新聞平成二十七年（二〇一五）二月十日付記事によると、ハワイ州ホノルルの日本総領事館が前日二月九日、マグロウヒル社世界史教科書の問題部分の執筆者であるハワイ大学准教授のハーバート・ジーグラー氏に対し事実誤認や相容れない部分を指摘する等の申し入れを前年（平成二十六年〈二〇一四〉）十二月に行っていたことを明らかにした。

申し入れについて報じたワシントン・ポスト紙二〇一五年二月九日付記事によると、ジーグラー氏は日本政府から接触を受けたことを明かした上で次のような批判をしたという。

「私の言論と学問の自由を侵害した」

いかなる修正にも応じない?

そして、この問題に噛みついたのがアレクシス・ダデン氏である。

平成二十七年（二〇一五）二月五日、当のジーグラー氏やダデン氏を含むアメリカの歴史学者十九人がこれを支持する形で「いかなる修正にも応じない」という声明を発表した。これが日本では産経新聞以外では詳しく報じられていない。一方、韓国メディアは非常に熱心で、ハンギョレ新聞が同年二月六日付記事で極めて具体的に報じている。

【「安倍首相の教科書修正圧力に驚愕」米歴史学者が共同で声明】

《米国の著名な歴史学者たちが日本の安倍晋三首相の米国の歴史教科書の修正圧力に反発している。パトリック・マニング（ピッツバーグ大学）、アレクシス・ダデン（コネチカット州大学）教授など19人の歴史学者たちは5日、「日本の歴史学者たちを支持する」と題した声明で、「私たちは最近、日本政府が第二次世界大戦当時、日本帝国主義による性的な搾取の野蛮なシステムの下で苦痛を経験した日本軍慰安婦について、日本およびその他の国の歴史教科書の記述を抑圧しようとする最近の試みに驚愕を禁じ得ない」と明らかにした。彼らは「国や特定の利益団体が政治目的のために、出版社や歴史学者に研究結果を変えるように圧迫することに反対する」と述べた》

かつては日本の『新しい歴史教科書』、ごく最近でも韓国で「親日」派とされる「教学社」刊の歴史教科書に最も反発していたハンギョレ新聞がこの言い分に乗っかる資格があるのだろうか。

「日本の安倍晋三首相の米国の歴史教科書の修正圧力」などと言われると、まるで安倍首相がアメリカの歴史教科書すべてに修正を求めているかのようだが、これはあくまでマグロウヒル社世界史教科書ただ一冊の極めて偏向的な記述に対する是正要請に過ぎず、日本の教科書検定そのものに文句を言う韓国と一緒にしてほしくない。

それはともかく、これまた「日本の歴史学者たちを支持する」。

朝鮮日報には二〇一五年二月八日付で先の声明とダデン氏へのインタビュー記事が掲載されていた。

【「安倍首相は学問の自由を脅かしている」】

ダデン氏はまず声明について次のように述べている。

「日本政府は世界をリードしていくべき潜在能力がある豊かな国であるにもかかわらず、その力をとんでもない方向に注ぎ、自らの価値を損なっている」

「日本政府が昨年11月、従軍慰安婦に関する記述を掲載したマグロウヒル社の教科書に対し、修正を要求したという話を聞き、歴史学者として黙っていてはならないと思い、声を上げた」

東洋系でもないダデン氏がなぜそこまで日本政府を批判するのかがよくわからないが、朝鮮日報によれば「米国を代表する北東アジア専門家」で、特に日韓関係に精通しており、「日本による韓国植民地史」について多く研究、立教大学と慶応義塾大学、韓国のソウル大学と延世大学で学んだこともあるという。

一方、ジャーナリストの古森義久氏によれば、ダデン氏は「知る人ぞ知る、アメリカでの基準でも超左翼リベラル過激派の女性活動家」で、領土問題にまで口を挟む「反日」家でもあると言うから、はなから話の通じる相手ではない。

「日本政府の教科書修正要求を歴史学者たちはどのように受け止めているのか」との問いにダデン氏はこう答えた。

「学問の自由に対する直接的な脅威だと深刻に受け止めている。日本政府が独特なのは、従軍慰安婦問題は論争の種ではなく、すでに全世界が認めている『事実』なのにもかかわらず、しきりに政治的な目的をもってこれを変更、あるいは歴史の中から削除しようとしている点だ。マグロウヒル社は非常に評判が高い出版社で、見当違いもいいところだ」

中国・韓国、そして日本の国家補償論者らもそうなのだが、「反日」的考え方をする人々は日本政府の主張に対してまるで聞く耳を持たないで、とにかく頭ごなしに否定するばかり。

やはり「反日」傾向の出版物で知られる日本の岩波書店もその筋では「非常に評判が高い出版社」になるだろうが、反国家補償論者らにとってはその逆で、相応の批判がある。仲間内で評判が高いからと言って、日本政府がマグロウヒル社に是正要請してはいけない理由などない。問題記述の筆者であるジーグラー氏もまた「学問と言論の自由」を侵害されたと主張していた。彼らの自由を守るために、日本国が貶められなければならないのか？　誤りを正してはいけないのか？

たしかに、彼らが何を言おうが、学ぼうが、それは自由である。大学レベルなら何を学ぶかを選択できるので、好きに学べばいいし、日本を批判したければ勝手にすればいい。

アメリカでは「南京大虐殺」に関する『ザ・レイプ・オブ・南京』という、日本国にとっては許し難い最悪の書籍も出版されたが、日本政府がこれに出版差し止めまで求めただろうか。

問題は、それを全世界が認める「事実」として教科書に記し、公立高校で教えていることだ（アメリカの高校の履修のシステムまではわからないが）。これが生徒の「学問の自由」どころか「思想の自由」

まで奪うのではないだろうか。日本国はジーグラー氏の認識が誤りだと考えており、未来を担う若者にそれを植えつけられては困る。

「日本の歴史家」は吉見義明

慰安婦問題を「すでに全世界が認めている『事実』」とまでダデン氏が言い切る根拠は何なのか。それは、次の「なぜ安倍政権はしきりに歴史問題を取り上げると思う?」という問いに対する答えの中にあった。

「日本政府の不名誉を覆い隠そうという意図ではないかと思う。しかし、河野談話を通じて多くの人々が慰安婦に関する真実を知り、これを認めている。日本人の人々も同様だ。特に慰安婦に関する真実のほとんどは、日本人学者の吉見義明・中央大学教授の努力により証明されている」

先のハンギョレ新聞の記事で、ダデン氏らの声明のタイトルが「日本の歴史学者たちを支持する」とされていた。

日本の歴史学者の多くは慰安婦の「強制連行」を否定しているので、タイトルだけを見ると何のことかわからない。日本では政府と歴史学者の間で意見が対立しているとでも思っているのかと思ったが、ここで言う「日本の歴史学者」とは、慰安婦問題の権威にして国家補償論者の急先鋒でもある中央大学教授・吉見義明その人であった。

そして、ダデン氏らの論拠は吉見氏の論理にあるらしい。以前聞いた話では、慰安婦問題関連の日本の書籍で英訳されているのは吉見氏の著書『従軍慰安婦』（岩波新書）のみとのことだった。英訳書のタイトルは『Comfort Women：Sexual Slavery in the Japanese Military（慰安婦：日本軍における性奴隷）』。サブタイトルの「Sexual Slavery」はもちろん、「慰安婦」の直訳とはいえ、英語にはない「Comfort Women」という言葉を造ってしまったことも、アメリカ人に慰安婦を特別な存在と印象づけたのではないかと私は考えている。なるほど、ダデン氏らにとってはこの本がバイブルで、おそらくはこの著作からこの問題に入ってきた「吉見チルドレン」なのであろう。

吉見氏は韓国においても「良識派」とされ、韓国は吉見氏が資料発掘により「強制連行」を証明したと信じ込んでいるようだ。だが、平成四年（一九九二）に吉見氏が発掘した資料はあくまで慰安所運営への日本軍の「関与」を示すもので、「強制連行」を証明する資料が存在しないことは吉見氏も認めている。その上で、「強制連行」だけを問題にするのはおかしい、慰安所における処遇や「強制」も問題とすべしと言っているのだ。反国家補償論者らは、吉見氏らが河野談話が生み出した「広義の強制」という概念に逃げ込んだ、と指摘している。

ところが、国外にはそんな概念はまったく伝わっておらず、ダデン氏の主張の限りでも、韓国同様「強制連行」「慰安婦＝性奴隷」を当然のことと認識しているに違いない。実際、先のハンギョレ新聞記事によれば、声明ではこう言われているという。

「吉見義明中央大学教授による緻密な日本の文献研究と生存者の証言が、国の支援した性奴隷システムの本質的特徴を示していることは、議論の余地がない」

この件に関しては「議論の余地がない」とまで言うのだ。

日本の「勘違い」？

こういう話になると、必ず引き合いに出されるのがドイツである。

「日本はなぜ、第二次世界大戦中のナチスの過ちを謝罪し続けるドイツのように行動できないのか」との問いにダデン氏はこう答えた。

「日本人の多くはドイツと自国を比較することを好まない。終戦70周年を迎えたのにもかかわらず、安倍政権は不幸にも日本の過去の責任を認めた村山談話に挑もうとしている。地域内の平和を20年以上守ってきた歴史問題やそれに関連する大きな枠組みを個人的な政治ゲームのため不必要に崩そうとするのは問題だ。だが、安倍首相がドイツのように過去の過ちを謝罪し、未来に進めない理由は無い。世界が直面している危機に共に対処しても不十分なのに、安倍政権は全てを後退させる傾向がある。北東アジア地域や世界にとって良くないことだ」

たしかに「日本人の多くはドイツと自国を比較することを好まない」かも知れないが、それは当然だ。日本とドイツは本質的に違う。

「日本はすでに何度も謝罪したと言っているが」という問いに対し、ダデン氏は次のように答えた。

「謝罪を何度もしたと言うが、行動を見ると真実味が感じられない。謝罪すると言ったそばから戦犯たちがいる靖国神社を参拝するなどの行動がその代表例だ。日本の政治家たちは河野談話を見直しても何の問題もないと考えているが、なぜそのような勘違いをしているのか分からない」

「勘違い」ではないが、わからないのなら教えよう。河野談話を見直しても何の問題もないと考えているのではなく、むしろ見直さないことに問題があるのだ。「強制連行」を裏づける証拠が見つからない中、それを認めろという韓国側の意向に何とか沿うように、そして問題の早期解決を願い「広義の強制」という無理矢理な概念まで生み出して発表した河野談話であったが、そんな意図はまったく伝わらず、むしろ「強制連行」を認めたとして、かえって二十年以上も問題を長引かせた。

これ以上の謝罪に意味はないし、むしろ弊害がある。それよりも、彼女はどの立場で日本国を批判しているのか。勘違いしているのは彼女の方だ。

ダデン氏はこう述べたという。

「歴史は自分の都合のいいように選び、必要なものだけを記憶するものではない」

それは韓国、そして自国に向けて言ってほしいものである。戦後七十年間、日本国が何もしてこなかったかのような話にすり替えるのはもういい加減にしてもらいたい。

ダデン氏は私と同年齢で、私もそうだが、昭和四十年（一九六五）の「日韓基本条約」よりも後に生まれている。仮に「強制連行」が事実で、韓国が「被害者」だと言うなら、ここまでに十分主張ができたはずなのに、韓国政府はそれを放棄した。そうした事情を知らない、知ろうともしない新世代の「吉見チルドレン」が加わってくる。きちんと反論しなければ、日本国は未来永劫謝り続けなければならない。

実際、日本は戦後相応の国家補償をしてきたし、慰安婦問題が起こった九〇年代にはその件に関して散々謝りもしたのだが、そうした事実は何かあれば（たとえば靖国神社参拝）すべてリセットされてしまう。

ハンギョレ新聞報道によれば、安倍首相は次のように主張したとされている。

「国際社会ではつつましくしていることによって評価されることはない。主張すべき点はしっかり主張していく」

さらなる軋轢を生むことが必至ではあるが、一方的な「主張」ばかりを押しつけてくる韓国、そしてダデン氏らのような人々に対し、この姿勢は決して間違いではない。むしろそうあるべきである。

「慰安婦＝性奴隷」と断定した「クマラスワミ報告書」

独善的かつ無責任にこの問題に口を挟む第三国人は「慰安婦＝性奴隷」と決めつけている。だが彼らは何を根拠にそれを言うのか。それは、日本が国連から勧告を受けたからだろうが、そもそもなぜこの問題がそこまで大事になってしまったのだろうか。東京基督教大学教授・西岡力氏の著書『よくわかる慰安婦問題』によれば、この問題を初めて国連に持ち込んだのは、韓国ではなく、実は日本人だったそうである。

平成四年（一九九二）二月二十五日、弁護士の戸塚悦朗氏が慰安婦問題を国連で取り上げるよう「国連人権委員会」に要請した。その頃には韓国の運動団体などが国連に要請書や資料を送っていたが、戸塚氏は人権委員会の協議に参加できる資格を持つＮＧＯ「国際教育開発（ＩＥＤ）」代表の資格を持っていたため委員会で発言できたのだという。この時、戸塚氏は慰安婦を「性奴隷」だとして日本政府を糾弾した。いわゆる「慰安婦＝性奴隷」という概念がここで生まれるのだが、「性奴隷」という言葉は戸塚氏の「直感的な評価」によるもので、そこに深い意味があったわけではないらしい。

当初は相手にされなかったが、戸塚氏は韓国の運動団体などとともに人権委員会の下部団体にまで執拗に働きかけた。その努力が実ってか二年後の平成六年（一九九四）、人権委員会は「女性に対する暴力に関する特別報告官」としてスリランカ人女性のラディィカ・クマラスワミ氏を任命する。

平成七年（一九九五）七月、日本・韓国・北朝鮮で実地調査。

平成八年（一九九六）四月、人権委員会はクマラスワミ氏が提出した【女性に対する暴力―戦時における軍の性奴隷制度問題に関して、朝鮮民主主義人民共和国、大韓民国及び日本への訪問調査に基づく報告書―】（通称「クマラスワミ報告書」）を採択した。

ところが、その内容は西岡氏いわく「驚くほどでたらめで、根拠薄弱な決めつけに満ちている」。この報告書では「序論」の冒頭で慰安婦を「軍性奴隷」と断定している。

なお、西岡氏の著書でも冒頭部分他報告書から引用されているが、本書では「アジア女性基金」のホームページ上で公開されている「クマラスワミ報告書」全文から引用することとする。

以下報告書「序論」６、７、８、９、10項から。

《まず最初に、戦時中、軍隊によって、また軍隊のために性的サービスを強要された女性たちの事

例は軍性奴隷制の実施であったと、本特別報告者はみなしていることを明らかにしておきたい》
《この点で、特別報告者は東京訪問中に日本政府から伝えられた立場を意識している。日本政府は、「奴隷制」という言葉は1926年の奴隷条約第1条(1)に、「所有権に帰属する権限の一部又は全部を行使されている人の地位又は状態」と定義されており、この言葉を現行国際法の下で「慰安婦」に適用するのは不正確であると述べている》
《しかしながら、本特別報告者は、「慰安婦」の実施は、関連国際人権機関および制度が採用しているアプローチに従えば、明確に性奴隷制でありかつ奴隷に似たやり方であるという意見に立つものである。これとの関連で、差別防止少数者保護小委員会が1993年8月15日の決議1993/24で、戦時の女性の性的搾取その他の強制労働の形態に関して現代奴隷制部会から伝えられた情報に留意し、同小委員会の専門家の一人に戦時の組織的レイプ、性奴隷制及び奴隷に似たやり方について詳細な調査を行うよう委託したことを、本特別報告者として強調しておきたい。さらに同小委員会は、この専門家に対し調査の準備に当たって、重大な人権侵害被害者の現状回復、補償およびリハビリテーションの権利に関する特別報告者に提出された情報を考慮に入れるよう要請したが、この情報には「慰安婦」も含まれる》
《さらに、現代奴隷部会が第20会期中に、第二次大戦中の女性の性奴隷問題に関して日本政府から受け取った情報を歓迎し、かつ日本政府が行政的審査会を設置して「奴隷に似た処遇」の実施を解決するよう勧告したことも、本特別報告者は注目する》

《最後に、現代奴隷制部会のメンバーならびに非政府組織（NGO）代表、一部の学者は、女性被害者は戦時の強制売春と性的従属と虐待の間、日常的に度重なるレイプと身体的虐待といった苦しみを味わったのであり、「慰安婦」という用語はこのような苦しみをいささかも反映していないという意見を示している。本特別報告者は、用語という観点から、この見解に全面的に同意するものであって、「軍性奴隷」のほうがはるかに正確かつ適切な用語であると確信する》

「軍性奴隷制」などという制度を勝手に作らないでもらいたい。ともあれ、さほど深い意味があったとは思えない戸塚氏の思いつきが、この報告書により国連のお墨つきを得てしまったのである。

慰安婦は日本軍と契約？

では、ここまで言う根拠は一体何なのか。もちろん、現地調査などの結果ではあるのだろうが、実はこの報告書の根拠が至極疑わしい。

クマラスワミ氏は慰安婦問題の事実関係に関して、すべてオーストラリア人経済学者ジョージ・ヒックス氏の著書『性の奴隷　従軍慰安婦（The Comfort Women）』一冊にほぼ全面的に依存している。

ヒックス氏の著書もまた西岡氏いわく「おそまつなもの」。

あの吉田清治証言を事実としてそのまま引用している点でその内容は推して知るべしで、それに依拠する「クマラスワミ報告書」の信憑性もかなり疑わしいと言わざるを得ない。

ちなみに、ヒックス版『従軍慰安婦』では他に、同名の『従軍慰安婦』という著書がある作家・千田夏光氏の名前も挙がり、最も信頼しているのは先に名前が挙がった吉見義明氏のようである。

日本大学教授・秦郁彦氏もまた著書『慰安婦と戦場の性』において「クマラスワミ報告書」を次のように評した。

《結論から言えば、この報告書は欧米における一流大学の学生レポートなら、落第点をつけざるをえないレベルのお粗末な作品である》

平成七年（一九九五）七月に日本で実地調査があった際、秦氏と吉見氏の二人はクマラスワミ氏と個別に面談もしている。

報告書ではお二方の意見が取り入れられているが、分量と内容から客観的に見てみると、吉見氏の見解に偏っている感は否めない。

報告書第Ⅱ章「歴史的背景」43項には次のような記述もある。

《吉見教授はさらに、リクルートに関する詳細な資料の収集は日本政府が公文書をすべて公開していないため非常に困難であり、こうした文書は今も防衛庁、法務省、労働省、自治省、厚生省の文書庫に残されている可能性があると主張する》

吉見氏は他に、敗戦に際して日本軍が組織的に公文書を破棄・隠滅した、違法な命令書を書くはずがないとも言っているが、この時は日本政府が隠し持っている可能性を示唆した。どこまでも日本を悪者に仕立てる。

それはともかく、その八ヶ月前にクマラスワミ氏がまとめた予備報告書を踏まえた上で、秦氏が特に強調したのは次の三点。

①慰安婦の「強制連行」について日本側で唯一の証人とされる吉田清治は「職業的詐話師」である。

②暴力で連行されたと申し立てた慰安婦の証言で、客観的裏づけがとれたものは一例もない。

③慰安婦の雇用契約関係は日本軍との間にではなく、業者（慰安所の経営者）との間で結ばれていた。

そして③の実情は、昭和十九年（一九四四）にビルマ戦線で捕虜となった日本人業者夫婦と二十人の朝鮮人慰安婦を尋問して米軍情報部が作成した報告書（第三章で詳述）が最適と思うと述べ、その報告書のコピーまで渡してあった。ところが「クマラスワミ報告書」は③の論点について、秦氏の論旨を正反対に歪めて紹介してしまう。

《千葉大学の歴史学者秦郁彦氏は「慰安婦」問題に関するある種の歴史研究とりわけ韓国の済州島の「慰安婦」がいかに苦境に置かれたかを書いた吉田清治の著書に異議を唱える。秦博士によれば、1991年から92年にかけて証拠を集めるために済州島を訪れ、「慰安婦犯罪」の主たる加害者は朝鮮人の地域の首長、売春宿の所有者、さらに少女の両親であったという結論に達した。親たちは娘が連行される目的を知っていたと、秦博士は主張する。その主張を裏付けるために、博士は本特別報告者に、1937年から1945年までの慰安所のための朝鮮人女性のリクルートは基本的に二つの方法で行われたと説明した。いずれの方法も、両親や朝鮮人の村長、朝鮮人ブローカーすなわち民間の個人がすべてを承知で協力し、日本軍の性奴隷として働く女性をリクルートする手先となったというのである。同博士はまた、ほとんどの「慰安婦」は日本軍と契約を交わし、平均的な兵隊の給料（一ヶ

月15―20円）よりも110倍も受け取っていたと考えている》（「クマラスワミ報告書」第Ⅱ章40項）

秦氏が異議を唱えたのは、済州島での慰安婦狩り的、あるいは国家制度的「強制連行」を証言した吉田証言に裏づけがない点だが、徴集の手法の違いの問題として返って悪い話にされてしまった。

秦氏は外務省を通じて抗議し、吉見氏でさえも事実誤認を指摘してヒックス氏の著書からの引用と吉田証言は削除した方がいいという手紙を送ったが（ヒックス氏側は吉見氏を最も信頼しているのだが）、聞き入れられなかったようである。

六つの勧告

何分報告書全体の冒頭で「軍の性奴隷」と断定されているのだから、日本政府の言い分など聞いてくれるはずがない。

報告書第Ⅶ章「日本の立場―法的責任―」93項において、クマラスワミ氏は次のような解釈を示した。《日本政府は1993年8月、「慰安所の設置、管理及び慰安婦の移送については、旧日本軍が直接あるいは間接にこれに関与した」ことを認めた。第二次大戦中に「慰安婦」を徴集し連行したことを認めたのである。また、軍関係者が、女性たちの意思に反して行われた徴集に直接関与したことも認めた。さらに「本件は、多数の女性の名誉と尊厳を深く傷つけた問題である」とも言明した》

この見解は、慰安婦問題を受けて日本政府が平成五年（一九九三）に発表した「河野談話」（第二章で詳述）を根拠としているわけだが、日本政府が苦心して作り上げた微妙な言い回しなどまったく伝わっていない。

談話で「慰安婦の移送」に「直接あるいは間接にこれに関与した」と述べた部分が「徴集し連行した」と解釈されてしまった。これはおそらく、慰安所へ配属するための移送であろう。

河野談話の原文には次の記述がある。

《慰安婦の募集については、軍の要請を受けた業者が主としてこれに当たったが、その場合も、甘言、強圧による等、本人の意思に反して集められた事例が数多くあり、更に、官憲等が直接これに加担したこともあったことが明らかになった》

ところが、報告書では《軍関係者が、女性たちの意思に反して行われた徴集に直接関与したことも認めた》と随分簡略化された。要するに、軍が「強制連行」したと解釈しているのであろう。

さらに95項では次のように述べた。

《慰安所にいた女性のほとんどは意思に反して連行されたこと、日本帝国軍は大規模な慰安所ネットワークを設置し、規制しかつ管理していたこと、慰安所に関して責任は日本政府にあることについて、本特別報告者は絶対的確信を得た。加えて、日本政府は国際法の下でこれが示唆する責任を果たす用意をすべきである》

日本政府が国際法上の責任を負うべき、とクマラスワミ氏が考える主たる根拠は、元慰安婦らが意思に反して連行され、慰安所に関する責任は日本政府にあるから、という吉見義明式解釈だと思う。

加えて、113項においてはこう述べた。

《人類に対する犯罪は戦争前または戦争中に行われた殺人、せん滅、奴隷化、追放及びその他の非人道的行為とされている。「慰安婦」の場合に見られる女性と少女の誘拐や組織的レイプは、明らかに民間人に対する非人道的行為であって、人類に対する犯罪を構成する。慰安所の設置と運営に責任ある者たちの訴追に着手するため、相当の注意・配慮を行うのは日本政府にかかっている。時間が経過し、情報が不足しているため、訴追は困難かもしれないが、にも関わらず、可能な限り訴追を試みるのが日本政府の義務である》

ついに「誘拐」「集団レイプ」とまで言われ、諸外国から見れば何という酷い話かとなるだろうが、明らかに慰安所を誤解している。

そして報告書第Ⅸ章「勧告」で日本政府に次の六項目を勧告した。

(a)第二次大戦中に日本帝国軍によって設置された慰安所制度が国際法の義務違反であることを承認し、かつその違反の法的責任を受け入れること。

(b)日本軍の性奴隷の被害者個々人に、人権及び基本的自由の重大侵害の被害者の現状回復、賠償及びリハビリテーションの権利に関する差別防止少数者保護小委員会の特別報告者が示した原則に従って、補償を支払うこと。被害者の多くは高齢であるため、この目的のために特別の行政審査会を短期間内に設置すること。

(c)第二次大戦中の日本帝国軍の慰安所及びその他の関連する活動に関し、日本政府が保存するすべての文書と資料の完全公開を保証すること。

(d)名乗り出た女性で、日本軍性奴隷の女性被害者であることが裏付けられる女性の個々人に、書面による公的謝罪を行うこと。
(e)歴史的現実を反映するよう教育のカリキュラムを改訂して、この問題についての意識を高めること。
(f)第二次大戦中に、慰安所のためのリクルートや制度化に関与した者を出来る限り特定し、かつ処罰すること。

この低レベルの報告書で(a)～(e)までも言われ過ぎのように思うが、当時でも五十年以上前の話で、ただでさえ日本政府に当時の事情を知る人間がいないのに、「関与した者を出来る限り特定し、かつ処罰すること」とまで言うのだから無理な話だ。

報告書ではこの後韓国・北朝鮮に国際司法裁判所への提訴まで勧めている。「現存する国際司法機関に対する根本的な不信」を理由に竹島問題の審理に応じない韓国。さらには、言うまでもなく、より悪質な拉致被害や人権侵害が指摘される北朝鮮に提訴されては堪らない。国連の勧告だからといって、まともに取り合う必要はない。

アメリカの「慰安婦決議案」

平成二十六年（二〇一四）一月十五日、アメリカ合衆国議会の下院では、同十九年（二〇〇七）に可決した「慰安婦決議案」を順守することを国務長官が日本政府に求めなければならないとする内容を盛り込んだ二〇一四会計年度の「包括的歳出法案」を可決、翌十六日には同法案が上院でも可決された。これは朝鮮日報を始めとする韓国メディアでは大々的に報じられたが、日本のメディアではほとんど報じられていない。

まず、平成十九年（二〇〇七）に下院で可決した「慰安婦決議案」の主な内容を西岡力著『よくわかる慰安婦問題』から借用する。

【米国下院に提出された慰安婦問題で日本政府に謝罪を求める決議案121号】

日本政府に次の措置を求めることが下院の意見であることを決議する。

①日本政府は、一九三〇年代から第二次世界大戦中まで、アジアと太平洋諸島の植民地支配と戦時占領の期間に、日本帝国の軍部隊が、「慰安婦」として世界に知られているところの性奴隷制を若い女性に強要したことについて、明瞭かつ曖昧さのない仕方で公式に認め、謝罪し、歴史的責任を受け入れるべきである。

②日本政府は、日本国の公式な資格でなされる声明として公式の謝罪を行うべきである。

③日本政府は、日本帝国軍隊のための「慰安婦」の性的奴隷状態　と人身売買はなかったというかなる主張に対しても、明瞭かつ公然と反論すべきである。

④日本政府は「慰安婦」に関わる国際社会の勧告に従い、現在と未来の世代にこの恐るべき犯罪について教育すべきである。

まさに「慰安婦＝性奴隷」という決めつけに基づく、日本に反論の余地すら認めない厳しい内容。

この法案を主導したのが、下院議員で日系三世のマイク・ホンダという人物である。なぜ日系人がと思うが、日本国内にも吉見義明氏らのような国家補償論者がいるから取り立てて言うことではないかも知れない。

とはいえ、憶測を承知で言うと、ホンダ氏の執拗な日本叩きには日本国に対する「私怨」を感じる。第二次世界大戦時にはアメリカで日系人が弾圧されたという歴史的事実があり、アメリカ人である日系人の中にはその原因を日本が作ったと考え、人一倍日本国を憎む人々もいるからだ。ホンダ氏はそれを否定しているらしいが、本人に聞いて「私怨」だと答えるわけがない。

安倍首相の靖国神社参拝に対して、中国や韓国は「A級戦犯容疑者の孫ゆえのA級戦犯崇拝」という憶測を平気で口にした。私も本来は中国・韓国と同レベルの憶測を言いたくはない。しかしながら、安倍首相が純粋に慰霊を行っているのに対し、ホンダ氏の行為は明らかに日本国への「攻撃」である。韓国同様、まず「反日」ありきでこの問題に食いつき、思い込みによる「偽善的」正義感を振りかざしているとしか思えない。

「反日」日系人議員の謀略

歳出法案可決の陰にはホンダ氏の「秘密作戦」があったことが、朝鮮日報二〇一四年一月十七日付記事で報じられていた。

【膨大な法案に紛れ込んだ「慰安婦」記述、日本側察知できず】

【ホンダ議員の「秘密作戦」にまんまと一杯食わされた日本】（副題）

同記事はホンダ氏を《日系人3世にもかかわらず、日本の誤った歴史認識を正すべきだとの信念を持つ人物》と評価した。

《外交筋によると、ホンダ議員は当初、「第2の慰安婦決議案」を推進した。安倍晋三首相の就任後、日本の右翼勢力が過去の歴史問題で妄言を繰り返したことがきっかけだった。

しかし、それを察知した在米日本大使館が反対の働き掛けを強め、決議案採択に向けた作業が行き詰まった。このためホンダ議員は歳出法案に慰安婦に関する問題をそっと含めることにした。歳出法案は内容が膨大なので、細かい項目を把握することが困難だ。ホンダ議員は、スティーブ・イスラエル下院議員（民主党・ニューヨーク州選出）ら賛同する議員と共にひそかに法案に慰安婦関連の内容を盛り込む作業を進めた。

ホンダ議員は法案可決後「第2次世界大戦当時、慰安婦として奴隷生活を送った人びとのために正義を実現することを目指した長年の努力の一環として、正式な法案報告書に慰安婦関連の内容を盛り込んだ」とコメントした。日本側は米下院で法案が成立し、ホンダ議員が発表を行うまで、慰安婦関連の内容が法案に含まれていることを把握していなかったという。まんまと一杯食わされた格好だ》

姑息なやり方である。なぜここまでされなければならないのかという怒りが先に立つ。

もっとも、目的のためには手段を選ばない韓国にとって、それくらいは「常識」なのかも知れない。ホンダ氏を称える一方、同記事では次のような懸念も示している。

《ただ、今回の法案で米国のムードが「対日圧力」へと完全に転換したとは言いにくいとの指摘もある。議員の多くは歳出法案に慰安婦関連の内容が含まれていることを知らずに賛成票を投じた。07年に慰安婦決議案が単独案件として提出され、満場一致で採択されたのとは事情が異なる》

慰安婦問題にアメリカの政治家が深く関心を持っているならまだしも、それに執着しているのはホンダ氏他数名の議員で、多くの議員はさほど関心もなければ、勉強しているわけでもなさそうだ。そしてホンダ氏らが唱えているのは、日本人の多くが受け入れられない「慰安婦＝性奴隷」説に基づいているのである。

ネット社会となった今の世の中では特に、事情を詳しく知ろうともせず聞きかじった話に平気で口を挟んでくる者が多い。アメリカのメディアや政治家がまさにそうである。日本や韓国の問題にそこまで関心があるとはとても思えない。こういう思慮が浅く無責任な人々による第三国の決議によって、日本国が責められる必要があるのだろうか。第一、この決議には日本国に対する拘束力などないのである。

第二章　日本人が創り出した慰安婦問題

争点は「強制連行」

現在の日韓関係の最大懸案は慰安婦問題であろう。九〇年代、この問題が世間を賑わせたことは何となく覚えている。行きつけの床屋のオヤジが聞きもしないのに力説してくれた。あれは「業者」だったんだよ、と。もっとも当時二十代前半の私には問題の本質がよくわからず、あまり関心を持つことはなかった。

私がこの問題に漠然とした関心を抱いたのは平成十二年（二〇〇〇）前後で、その時手にしたのが岩波新書の『従軍慰安婦』である。その理由はもちろん、そのままのタイトルだったから。著者は吉見義明という中央大学の教授だが、どういう人物かもまったくわからない。当時は基本的な読解力に欠けていたこともあるが、何が争点かもよくわかっておらず、その本を読んでも正直理解できなかった。慰安婦らが強いられた苛酷な生活環境と、当時の日本政府や日本軍に対する批判的な見解ばかりが印象に残る。え、日本が悪かったの？　と。

それ以来、この問題についてあまり考えることがなかったが、韓国の朴槿恵大統領が平成二十五年（二〇一三）の就任以来、あまりにもそれを前面に押し出してきたので、改めて関心を持たざるを得なくなった。そこで、手元にあった吉見氏の書を始め関連書籍を何冊か読み、実は吉見氏が国家補償論者の中心人物で、この問題に火を点けた当事者の一人であり、国内にも様々な考え方があることがわかってくる。

この問題に関して日本国は次の三者を相手にしなければならない。

①韓国、②日本国内の国家補償論者、③第三国

そしてこの三者は各々言い分が異なっている。

この問題に限って、韓国側、そして独善的かつ無責任に口を挟んでくる第三国に論理など存在しない。

韓国側の主張は、「強制連行」を認めろの一点張りである。第三国にいたっては、頭から「慰安婦＝性奴隷」と決めつけて横槍を入れてくる。ろくに事情もわからず路上の喧嘩に野次を飛ばす通行人と同じだ。「強制連行」の証拠がないと認めた上で「強制」は「官憲による奴隷狩りのような連行」に限らないとする「広い意味での強制連行」は、あくまで国家補償論者らの主張であって、韓国はもとより第三国にいたっても国際的にはまったく通じない論理である（次章以降で詳述）。

目的達成のためには手段を選ばない韓国は②③を都合よく後ろ盾にするが、韓国から責任を問われる限りにおいて、争点はあくまで「強制連行」の有無であることを十分認識してほしい。

『従軍慰安婦』によれば、平成二年（一九九〇）十月十七日に韓国の元慰安婦女性らを支援するいくつかの女性団体（韓国政府ではない）から出された共同声明は次のようなものだった。

一、日本政府は朝鮮人女性たちを従軍慰安婦として強制連行した事実を認めること。

二、そのことについて公式に謝罪すること。

三、蛮行のすべてをみずから明らかにすること。

四、犠牲になった人びとのために慰霊碑を建てること。

五、生存者や遺族たちに補償すること。

六、こうした過ちを再び繰り返さないために、歴史教育の中でこの事実を語り続けること。

あるテレビ局の討論番組で「強制連行」の有無について「重箱の隅をつつくような議論」と言っていた人がいた。冗談ではない。それがそもそもの争点ではないのか？

かつての韓国中学校国定歴史教科書の日本語訳である『入門韓国の歴史』（平成十年〈一九九八〉刊）には次のような記述がある。

《日帝はこうした物的な略奪ばかりか、韓国人を強制徴用によって鉱山や工場で苦痛に満ちた労働を強要したり、強制徴兵制と学徒志願兵制度を実施した。これにより多くの韓国の青壮年が各地の戦線で犠牲となった。このとき、女性までも挺身隊という名目で引き立てられ、日本軍の慰安婦として犠牲になったりした》

現在のことは後述するとして、少なくとも九〇年代後半に中学生だった人々は、当時の大日本帝国の国家権力による徴用、すなわち「強制連行」を前提に教わってきているようだ。

実際、韓国のメディアは「強制連行」を大前提として慰安婦問題を論じている。その後ろ盾となってきたのが次の六点。

①元日本兵・吉田清治氏の「強制連行」証言（本章で後述）

②元慰安婦らの「証言」（本章で後述）

③平成五年（一九九三）八月四日に発表された「河野談話」（本章で後述）

④クマラスワミ報告書（第一章、第八章）
⑤吉見義明氏の研究（第三章）
⑥昭和十九年（一九四四）インドネシアでの「スマラン事件」（第七章）
以下、これらを検証していく。なお、④の「クマラスワミ報告書」は第一章ですでに述べたが、第八章で再検証したい。

「慰安婦二十万人」説の起源

原書の記述かは不明だが、前項『入門韓国の歴史』慰安婦に関する記述の「訳注」には次のように書かれている。

《従軍慰安婦をさす。1938年頃から大規模に集められ、1943年からは「女子挺身隊」の名のもとに約20万人の朝鮮人女性が労務動員され、そのうち若い未婚の女性5～7万人が慰安婦として戦場に連れて行かれ、日本兵の相手をさせられた》

私にはこの記述が「挺身隊＝慰安婦」と書かれていると思えた。

女子挺身隊は基本的に「満十二才以上四十才未満の未婚女性を軍需工場で働かせるための勤労要員」であって、慰安婦ではない。

だがそうではなく、先の《女性までも挺身隊という名目で引き立てられ、日本軍の慰安婦として犠牲になったりした》という記述は、こういう名目で慰安婦にされて犠牲になったりした。つまり、こういう人もいるという意味だと解釈していた人もいる。

この記述だけを見ればそう言えるかも知れないが、この教科書本文での慰安婦への言及はこの部分だけで、韓国における慰安婦問題の支援団体も「韓国挺身隊問題対策協議会」「挺身隊研究会」を名乗っており、混同している人も少なくないのではないか。

韓国メディアで「良識派」と称えられる吉見義明氏も（韓国では「親韓派」と呼ぶべき人物を「良識派」と呼ぶらしい。日本を悪く言うことが「良識」と言われればそれまでだが）、平成二年（一九九〇）当時、韓国では挺身隊と慰安婦が同一視されていたと述べ、挺身隊から慰安婦にされた女性もいたとまでは言っていない。

吉見氏の著書『従軍慰安婦』には、昭和十九年（一九四四）八月に「女子挺身勤労令」が出された際、動員されると慰安婦にされるという噂が朝鮮で広がったことが述べられている。こうした状況の中で、貧しい家庭の少女達は挺身隊に行くより就職した方がましだと考え、詐欺に遭って逆に慰安婦にされるケースがあったのだという。

平成二十五年（二〇一三）、韓国では検定歴史教科書の内容を巡って大騒ぎになっていたが、ハンギョレ新聞同年九月三日付記事によればその時に問題とされたのが「親日」とされる「教学社」刊教科書のこの記述。

《日帝は1944年女子挺身勤労令を発表し、12才から40才までの女性たちを侵略戦争に動員した。（中略）一部の女性たちは中国・東南アジア・フィリピンなどに連れていかれ日本軍慰安婦として犠牲

になった》

これが「親日」教科書の記述なのかと疑問に思うが、記事では次のように批判している。

《これは1930年代から慰安婦が強制動員されていたという犠牲者の多くの証言と韓国・日本の学会研究、その事実を謝った日本政府の〝河野談話〟等を歪曲したことに他ならない》

さらに東国大学のハル・チョルホ教授は次のように述べた。

《韓―日関係の最大懸案である慰安婦問題も正しく知らず、一般人でもこんがらかる挺身隊と慰安婦を混同したのだとすれば教科書を書く資格はない》

要は、慰安婦は昭和十九年（一九四四）以前から存在していたので、現在は韓国でも慰安婦と挺身隊は別物と認識されているようである。ただ、訳注で「1938年頃から」と言っているとはいえ、かつての国定教科書の記述とそう変わらないと思うが……。

ちなみに、マグロウヒル社世界史教科書には「日本軍は14～20歳の約20万人の女性を慰安所で働かせるために強制的に募集、徴用した」との記述があるらしいが、「約20万人」に何か感じないだろうか。おそらくは先の「訳注」で言われていた話を、微妙なニュアンスが理解できないアメリカ人が曲解し、二十万人全員が慰安婦にされたという話が独り歩きしてしまったと考えられる。

だが、慰安婦と挺身隊が別物であることには日韓間でもすでに争いがなく、したがってこの話自体に根拠がないので、当然「慰安婦二十万人」説にもまったく根拠がない。アレクシス・ダデン氏らは慰安婦と挺身隊が区別できているのか、まずその点を問わなければならない。

先の【日本の歴史家を支持する声明】ではこう言われていた。

《「慰安婦」の正確な数について、歴史家の意見は分かれていますが、恐らく、永久に正確な数字が確定されることはないでしょう。確かに、信用できる被害者数を見積もることも重要です。しかし、最終的に何万人であろうと何十万人であろうと、いかなる数にその判断が落ち着こうとも、日本帝国とその戦場となった地域において、女性たちがその尊厳を奪われたという歴史の事実を変えることはできません》

勝手に数字を挙げているのは彼女なのだから、そんな話で誤魔化さずに、その根拠を示してもらいたいものである。

誤解の元凶・千田夏光著『従軍慰安婦』

実は、そうした誤解は韓国に限った話ではない。昭和四十八年（一九七三）刊の千田夏光著『従軍慰安婦』の「痛哭！　挺身隊」と題した同書の第四章には次の記述があった。

《冷厳なる数字としてこんにち示し得るのは、元ソウル新聞編集局副局長で現在は文教部（文部省）スポークスマンを務めておられる、鄭達善氏が見せてくれた一片のソウル新聞の切り抜きだけである。そこには一九四三年から四五年まで、挺身隊の名のもと若い朝鮮人婦人約二十万人が動員され、うち〝五万人ないし七万人〟が慰安婦にされたとあるのである。

その新聞記事は〝好悪な日帝はこの土地から引っ張った挺身隊の記録を敗戦がきまると全部焼いて

しまい正確な被害資料を残さなかった〟とも書いてあった》

統計的な数字は先の「訳注」と一致しており、やはり大本の情報源は韓国側にあるようだ。千田氏は軍人や元慰安婦ら当時の人々の証言を得た上で、国家的な慰安婦の動員があって昭和十八年（一九四三）頃からは大量の「朝鮮人女性狩り」が始まり、まず十八〜二十三歳の女性だけを慰安婦にして、中年女性は軍需工場に送ったとしている。

とはいえ、「ソウル新聞」は史料ではないので、この記述自体は何の根拠にもならない。これはウィキペディア情報だが、大本の記事には「日韓の挺身隊の合計」が二十万人で、うち韓国人女性が五〜七万人と書かれており、それを千田氏が誤読したとも言われている。仮にそうだとすれば、もはや慰安婦とはまったく関係がない。

ただ、千田氏の著書によれば、さらに遡ったソウル新聞一九六九年八月十四日号には次の記事があるという。

《（前略）十二歳以上四十歳未満の未婚女性を対象にしたこの挺身隊は事実上、少女隊員という名の慰安隊として残忍な状態に落ちて行った。（中略）大部分は南方や北満州などの最前線まで送られた。獣（けだもの）のような生活を強要させられた。

当時、学徒兵として参戦した韓雲史氏（47・作家）は、「第一戦部隊に女子たちがひっぱられていった。一個小隊に二、三名ずつ配属され〝天皇の下賜品〟として飢えた兵士たちのオモチャとなり、朝になればまた違う部隊に追われていって、同じ屈辱を経験させられねばならなかった」と回想している。

そうした少女たちの中には恥辱的な生活に我慢しきれず自ら命を断つ女性が続出していた。（中略）フィリピンやサイパンなど南方に送られた女子たちの大部分は悲しい死をとげた。

学徒兵として最前線に出て捕虜となり、インドまで連れて行かれた車柱環氏（48・ソウル大学教授）は、解放（敗戦）になってからシンガポールのチュールントンで敵国の船に乗った時に港で会った二百余名の挺身隊たちの様子を、「まるで地獄を通って出て来た人のようだった。生きて解放されたという喜びより、若さを失くしたという悲しみで号泣していた」と語っていた》

韓国では完全に挺身隊＝慰安婦と考えられていたことがよくわかるが、それは誤りなので、この話もその点に関しては誤りである。ソウル新聞でも挺身隊に言及しているのはこの記事のみで、証言者も含め当時の韓国でこの話題は意図的に避けられていたようだ。

なお、「従軍慰安婦」は千田氏の造語で、「従軍」は「従軍記者」「従軍看護婦」など「軍属（軍人以外で軍に勤務する者）」以外には用いないので不適切、と保守系の人々からは指摘されている。

伝説の「偽証」吉田清治証言

対して日本では、吉田清治という元日本兵が昭和五十八（一九八三）刊の著書『私の戦争犯罪』において次のような「証言」をした。

《昭和十八（一九四三）年になると、朝鮮人は男ばかりでなく、女も関釜連絡船で下関へ強制連行されてきた。強制連行された朝鮮人女子の集団を、「朝鮮人女子挺身隊」と称していたが、軍需産業の女工にするため徴用したのではなく、「皇軍慰問」を義務づけて、中国や南方の戦地へ派遣していたのである。この「皇軍慰問」とは、帝国陸海軍将兵への「性的慰問」のことであって、「従軍慰安婦」と呼ばれていた》

これこそ今や伝説となった「偽証」吉田清治証言である。同書では、この吉田氏が戦時中日本軍からの命令により韓国の済州島で女性を「強制連行」した体験談が生々しく語られている。そして、これら千田氏の調査や吉田氏の「証言」こそが「強制連行」があったとする韓国の慰安婦支援団体の第一の後ろ盾であった。

吉見義明版『従軍慰安婦』には、千田氏が同名の著書を刊行してその実態の究明に挑んでいたことや、韓国挺身隊問題対策協議会を中心とする韓国の女性運動によって問題が社会化したとは書かれているが、吉田氏には言及していなかったため、私はその存在をまったく知らず、その後に秦郁彦氏や西岡力氏の著書によって教えられる。ちなみに、秦氏は挺身隊混同説の起源は千田氏の著書だと言っていた。当時、世間を席巻したこの吉田氏の「証言」ではあったが、平成元年（一九八九）に『私の戦争犯罪』韓国語版が出版された際、実は当の済州島民からそんな事実はないと一蹴されたらしい。平成七年（一九九五）にそれがフィクションであることを吉田氏本人が認め、現在では信憑性はほぼないと考えられている。

吉見氏も作家の川田文子氏らとの共著書『「従軍慰安婦」をめぐる30のウソと真実』（以下『ウソと真実』、反国家補償論者らから聞かれる見解に吉見氏らが反論する書）で吉田証言に触れ、済州島で現地調査も行い、疑問を呈した秦郁彦氏らに対して吉田氏が反論をしていなかったことから、平成五年（一九九三）に吉田氏と面会して積極的な反論と誇張された部分の訂正、情報源の公開などを勧めたが、吉田氏がそれを渋り、自身の「証言」で日時や場所を変えた場合もあることを認めたため、「証言」として使えないと判断するしかなかったという。ただし、その後研究はずっと進んでいて、吉田証言によらずとも「強制連行」や強制使役があったことは証明できるとしている。そして、韓国側にとってはそこに書いてあることこそが重要で、信憑性などどうでもいい。日本人自らが言っている、という話になるのであろう。自称「加害者」とはいえ、上の命令でやらされたと言って責任を免れることがいくらでも可能な立場で、簡単に謝ることもできる。

実際、吉田氏は韓国に行って謝罪し、自分だけちゃっかりいい子になっているらしいから、本当に迷惑な人物だ。

元慰安婦らの「証言」

吉田証言を韓国の慰安婦支援団体の第一の後ろ盾とするならば、第二の後ろ盾は元慰安婦らの「証言」だが、これもまた確かなものとは言えないようである。元慰安婦らの「証言」は要するに彼女らの記憶だけが頼りで、裏づける根拠がない上、二転三転したらしい。

吉見版『従軍慰安婦』では、韓国挺身隊問題対策協議会（挺対協）が平成五年（一九九三）に刊行した『証言―強制連行された朝鮮人軍慰安婦たち』の前書き部分に当たるソウル大学教授・安秉直氏の「調査に参加して」から次の一文を引用している。

《調査を検討するうえで非常に難しかった点は、証言者の陳述がたびたび論理的に矛盾することであった。すでに五十年前のことなので、記憶ちがいもあるだろうが、証言したくない点を省略したり、適当に繕ったりごちゃまぜにしたりということもあり、またその時代の事情が私たちの想像を越えていることもあるところから起こったことと考えられる》

これを踏まえ、吉見氏は次のように述べた。

《このような困惑は、わたしもしばしば体験したところである。しかし、その証言は、記憶違いや、事実を隠している場合をのぞけば、大変重要である。文字の世界に生きていないだけに、逆に、強烈な体験はそのときどきの鮮烈な記憶となっており、くりかえし聞くことによって当事者でなくては語り得ない事実関係が浮かびあがってくるからである》

「証言」は貴重だが、それを重視し過ぎるのはどうか。というのも、日本の刑法上「親告罪」である性犯罪、特に痴漢事件は、告発する女性に覚悟が必要である半面、女性の証言を鵜呑みにすることで多くの冤罪が生まれている。女性が勇気を持って告発したのだから嘘をつくはずがないという発想だ。人違いならまだしも、女性の虚言によって犯人にされたケースも存在する。

証言のみによって罪を問われるなら何でもありだ。証言には相応の裏づけがなければならない。意図的なのか、吉見氏は引用していないが、実は先の安氏の文章は次のように続く。

《この中でも調査者たちを困らせたのは、証言者が意図的に事実を歪曲していると思われるケース

だった》

先の西岡力氏は著書『よくわかる慰安婦問題』で『証言』からこの部分までを引用し、この点をかなり重要視した。

安氏ら調査者はこのようなケースに対処するため証言者と信頼関係を築くことでそうした困難を克服し、大部分で成果を得たが、どうしても調査を中止せざるを得ないケースがあったという。《安教授らは四十数人を対象として調査をしたのだが、採用されたのは一九人だった。つまり「証言者が意図的に事実を歪曲していると感じられるケース」などで調査を中断した人たちが半分以上いたということである》

多少、引用表現が違うのは西岡氏が原書から翻訳したからである。安氏は決して「親日」ではなく、むしろ先頭に立って日本を批判している人物なので、この話には信憑性があるのではないか。当事者とはいえ、「証言」の名で適当なことを言われては困る。また、「証言」自体も必ずしも「強制連行」を示唆するものではない。

吉見版『従軍慰安婦』によれば、日本兵に「強制連行」されたという「証言」もいくつかはあるが、多くは同胞である朝鮮人周旋業者に騙された、あるいは、身内に売られ「業者」から金を受け取った上で働かされる「前借金」だったという「証言」なのである。

徴募は日本軍慰安所設置以前から

周旋業者は、日本軍慰安所設置以前から朝鮮の一般の売春婦も同様に徴募していた。秦郁彦著『慰安婦と戦場の性』によれば、むしろそうした「業者」が慰安婦の徴募も兼ねていたようである。

《注目すべきは仲介（周旋）業者（女衒をふくむ）は、圧倒的に朝鮮人が多いことだ。一般の売春婦ばかりでなく、慰安婦の徴集も彼らの担当だったらしいことが推察できる》

そして、吉見義明・林博史編『共同研究　日本軍慰安婦』の、当時の新聞報道に基づく金富子氏の論稿から次の部分を引用した。

《紹介業は植民地支配下で就職の機会が閉ざされていた朝鮮人にとって、資金や専門知識がなくとも成功のみこみがある職業の一つであり、紹介業者は農村から排出され職を求める女たちを工場や「女中」奉公に紹介したり、あるいは言葉巧みにだまし売春業者に売り渡したりした。日本人女性を売買するのは日本人業者だったが、朝鮮人女性の人身売買には日本人、朝鮮人の両方がかかわった。前述の国際条約から植民地を除外していたため、紹介業者の条約適用外地域での暗躍は黙認されていた。業者にとっては、朝鮮よりも遠く中国、日本、台湾、樺太などの朝鮮外に人身売買するほうが、より多くの稼ぎにつながった。売価が倍以上であり、かつ法律違反のリスクが低いためである。一九二〇年代半ばに朝鮮から外地へ売られた女性総数五〇〇〇人（年間）のうち、八〇％が斡旋先が売春業であることを知らされず、性経験のない女性だったという。日本軍の慰安婦にされた朝鮮人女性たちと同じ構図が、一九二〇年代にはすでにできあがっていたのである》

手段を選ばず金儲けに徹したであろう悪質な朝鮮人周旋業者がやったことにまで日本国が責任を負

い、まして現在にいたるまで国家間の問題とすべきなのか、と単純に思う。
こうした疑問に、吉見氏は『ウソと真実』でこう答えていた。
《官憲が直接やっておらず、業者がやった場合でも、元締めとなる業者は軍が選定し、女性を集めさせているのだから、当然軍の責任になる》
だとしたら、同様に徴募された一般の売春婦は対象外になるが……。
先の金富子氏の論稿もまた「業者」の責任を意図して書かれているわけではなく、秦郁彦氏も日本人業者に関する部分などを省略して引用しているので、吉見義明編著の原著のニュアンスはいささか異なり、先の引用部分の直後さらにこう続く。
《慰安婦問題は、侵略戦争の遂行に関連しておこった女性に対する国家的性暴力という点で「性犯罪」であると同時に広義の「戦争犯罪」であるが、さらに朝鮮人慰安婦についてつけ加えるならば、植民地という支配システムを利用してつくりだされた朝鮮人女性に対する「構造的犯罪」でもあったのである》
韓国人はすべての元凶を日本の「植民地支配」に帰結させる傾向が強いが、在日朝鮮人二世だという金富子氏も例外ではなく、余程日本を犯罪国家に仕立て上げたいらしい。

元凶は「日本式」公娼制度？

同論稿によれば、かつての朝鮮には元々国家公認の管理売春制度としての「公娼制度」はなく、それが変わり始めたのは、明治九年（一八七六）の「日朝修好条規」による開港以降に日本人居留地に日本の売春業者が上陸して遊郭を創ったのがきっかけだという。その後、朝鮮での日本の勢力が拡大するにつれ居留民や日本軍人相手の遊郭が続々と造られ、それが朝鮮社会にも影響をもたらして朝鮮人の売春業も増え、明治三十九年（一九〇六）に朝鮮が保護国化されて以降「日本式」の公娼化が推し進められ、韓国併合後の大正五年（一九一六）にそれが確立された。

《朝鮮人女性が軍慰安婦とされた背景としては、まず日本が植民地化の過程で日本式の公娼制度を朝鮮に移植したことがあげられる。これにともなって数多くの朝鮮人売春婦を生みだすと同時に、朝鮮社会に買売春が定着・蔓延する契機をもつくった。そして、売春にともなう女性蔑視が再生産されることにもなった。このように、朝鮮人女性の「性的奴隷」化は、すでに日本が導入した公娼制度のもとですでにおこなわれていたのであり、またそれは日本の植民地女性政策の一環でもあった》

要するに、悪質な周旋業者が暗躍するきっかけは「日本式」公娼制度の導入であった、結局は日本が悪いと言いたいらしい。だが、それは日本人の生活習慣病増加の原因を「食の欧米化」に求めるのと同じ論理で、負の側面ばかりを強調し過ぎであろう。日本に公娼制度があったからと言って、日本人女性が皆売春婦にされただろうか。

「日本の植民地女性政策の一環」とは言っても、「植民地」朝鮮の女性が片っ端から売春婦にされたわけではないし、「朝鮮社会」に「定着」と言うからには「買春」の主体は朝鮮人男性ではないのか。

公娼制度がなかったというだけで、かつての朝鮮にも古来から妓生（キーセン、本章で後述）など別形態の買売春が存在していた（ただし、早婚の風習も手伝い、開港以前のかつての朝鮮社会の一般庶民にとって買売春は無縁だったとのこと)。「植民地」朝鮮における公娼制度の特徴として《導入の過程で朝鮮固有の買売春の形態を日本式に変えようと強圧的におこなわれた》と言うのだが、その「朝鮮固有の買売春」に問題はなかったのか。公娼制度の取り締まりなりの主眼が「性病対策」であったことは金氏自身が同論稿で述べている。当時の売春婦側の徴用に河野談話(本章で後述)に言われる「本人たちの意思に反して」という面があったとしても、一般庶民に「買春」の強要までしたはずがない。同論稿では管理売春女性の人数が、昭和四年(一九二九)には朝鮮人女性が在朝日本人女性を上回ったと述べている。それも周旋業者が国内外の需要に目ざとく対応した結果であろう。ただ、たしかにこの段階で、日本軍が「強制連行」などせずとも慰安婦を徴用できる土壌は十分できあがっていたとは思われる。

そして同論稿では、公娼制度下で特に朝鮮人女性が「非人間的な扱いを受けた」と強調しているが、これこそまさに日本軍慰安婦だけが「被害者」ではない根拠と言えよう。

ちなみに、その後も「朝鮮固有の買売春」がなくなったわけではないらしく、「キーセン学校」なるものが存在していて、元慰安婦女性らの中にもそこの出身者だと「証言」する人がいた(本章で後述)。

また、現代の韓国では売春が厳しく取り締まられ、平成二十七年(二〇一五)にはそれに反発した八百八十二人もの売春婦らが署名して、職業売春を認めろと求めるという、性風俗産業がかなり管理された日本では考えられない事態まで起こっている。公に取り締まられている彼女らは公娼とは相反する「私娼」であろうが、さすがにこれは日本の「植民地支配」のせいだとは言えまい(もっとも吉見義明氏らや韓国はどの方向からでも日本のせいにしているが）。現代でさえそういう状況なのに、かつての朝鮮にそうした裏事情がなかったと言えるのか。そして、衛生管理面などを考えた場合、「朝鮮固有の買売春」よりは日本式の公娼制度の方がはるかに合理的だったと考えられる。

日本の公娼制度は戦後に廃止されたが、現代の性風俗産業においても、性病でも出せば情報はその界隈にすぐ回るので、各店では相応の管理を行わざるを得ない。特に一九八〇年代半ばに日本で初めてエイズ（ＨＩＶ）患者が確認された頃には情報不足もあり（当初は大半が薬害感染だった）、そこで働く女性らは何度も血液検査などを施されたと当時聞いた。私娼に対しこうした管理は不可能であろう。「日本式」とはいえ、日本軍慰安所設置以前の六十年にも渡り「朝鮮社会」に定着した公娼制度を根拠に日本の「植民地支配」、まして日本軍に「人身売買」の責任を求めるのは言い掛かりとしか思えない。

先述の如く、韓国の人々はすべての元凶を日本の「植民地支配」に帰結させる傾向が強く、慰安婦問題のみならず何もかも日本に「略奪」されたと「世界」に吹聴しているが、韓国の歴史教育自体に虚偽や誇張が多く、彼らの言うことを鵜呑みにすべきではない。ちなみに、今年二月二十日には元慰安婦女性がまた一人九十歳で亡くなったと韓国メディアで報じられたが、この女性は「広島の慰安所へ強制動員された」とのことであった。とはいえ、広島は結果的に「被爆地」ではあっても戦地ではなく、ここに軍の慰安所がある必要もない。おそらくは国外（日本）に売られた一般の売春婦なのであろう。あるいは、そうした区分すら曖昧にして、日本に関われればすべて「日本帝国主義の被害者」

を名乗っていることが推測される。

慰安婦問題は「日本発」

そもそも、慰安婦問題はどのような経緯で起こったのか。吉見版『従軍慰安婦』によれば、そのきっかけは平成二年(一九九〇)五月、当時の盧泰愚大統領の来日に際し、韓国挺身隊問題対策協議会を中心とする韓国の女性団体が発表した「挺身隊」問題に対する謝罪と補償を求める共同声明であった。日本政府は国家・軍の「関与」を認めようとはせず、六月六日の参議院予算委員会で当時の労働省職業安定局長・清水伝雄氏が次のように答弁したとされている。

「従軍慰安婦なるものにつきまして……やはり民間の業者がそうした方々を軍とともに連れて歩いているとか、そういうふうな状況のようでございまして、こうした実態について、わたしどもとして調査して結果を出すことは、率直に申しましてできかねると思っております」

いかにも曖昧な答弁。吉見氏も同書でこう指摘している。

《戦後五〇年間、謝罪・名誉回復・個人賠償の問題がまったく未解決のままであった理由は、何より日本政府のこうした姿勢にあった》

これに怒った韓国の女性団体は十月十七日、問題の解決のため、また日本が「真の道義をそなえた民主主義国家」となることを求めて、本章の冒頭で示した共同声明を改めて発表した。

翌平成三年(一九九一)八月十一日、朝日新聞が【元朝鮮人慰安婦　戦後半世紀重い口を開く】という大見出しの記事を掲載。この時点では匿名であったが、ここに登場した元慰安婦女性こそが三日後の八月十四日にソウルで記者会見を開き日本を糾弾した金学順さんであった。

同年十二月六日、金学順さんを含む三名の元慰安婦ら（他二名は匿名）が原告となって東京地裁に損害賠償を求め提訴。

明けて平成四年（一九九二）一月十一日、当時の宮澤喜一首相が五日後に訪韓するタイミングで「日本軍の慰安所経営関与」を示す史料を吉見氏が発見した、というスクープ記事をこれまた朝日新聞が掲載した。

秦郁彦著『慰安婦と戦場の性』によれば、この時追随した各新聞の中で朝日新聞を上回る過激さを見せたのは英字新聞『ジャパンタイムズ』だという。たとえば同日夜、当時の渡辺美智雄外相がテレビ番組で「五十年以上前の話で、はっきりした証拠はないが、何らかの関与を認めざるを得ないと思う」と発言すると、ジャパンタイムズはこれについて「この発言は、政府の責任者が日本軍によって第二次大戦中に何十万人のアジア人〈慰安婦〉に対する強制売春に加担したことを、初めて認めたもの」と悪質な解説文を付け加える。

外相が言及せず朝日新聞でさえ認めていない「何十万人」「強制売春」を加えてしまい、その後は各種メディアが競合する形でこの方向へ報道と論調をエスカレートさせていった。

翌十二日には当時の加藤紘一官房長官が「軍の関与」を認め、宮澤首相も十四日の記者会見で「軍の関与」を認めた上で謝罪の意思を述べて、十六日にはソウルへと向かい、翌十七日の日韓首脳会議で公式に謝罪している。一時間二十五分の首脳会談の中で、宮澤首相は八回もの謝罪と反省を繰り返した。

秦氏によれば、当時の政府幹部には戦争経験者がほとんどおらず、当の宮澤首相も日米開戦の年に大蔵省に就職しており、この世代では珍しく従軍体験がなかったという。慰安婦や慰安所についての基本感覚が欠けていたので、反論はおろか見当もつかぬまま日韓呼応しての奇襲攻撃に屈してしまった、というのが秦氏の見解である。

うちの子がお宅の子にやられたと怒鳴り込んで来る人があれば、事情も聞かずに我が子を叱り、相手に向かって平謝りする、という対応をする親が我が国には少なくないであろう。日本政府はまさにそれ式の対応をしてしまった。

だが、謝れば許されると考えるのは日本人だけで、謝ったら何をされても文句は言えない、だから謝らないのが「グローバルスタンダード」なのである。本来は調査に相応の時間を要するところ、政府は明らかに初期対応を誤った。逆に韓国側の語気を強めてしまい、宮澤首相の滞在中には天皇の人形が焼かれたり、名乗り出た元慰安婦女性らが座り込むなど「反日」デモが荒れ狂ったようである。

行動を起こしたのは韓国の慰安婦支援団体だったとはいえ、いわゆる「強制連行」を示唆したのは先の千田氏や吉田氏の著書だった。先述の如く、韓国ではむしろこの話題は意図的に避けられていたのであって、支援団体の人々もそれらに触発されたに違いない。また、元慰安婦らは挺隊協の呼びかけに応じて名乗り出たとされているが、実際には戦後補償問題に力を入れる弁護士の高木健一氏や、当時弁護士であった社民党前党首の福島瑞穂氏ら弁護団が日本で訴訟を起こすために原告を募集し、それに応じた人々であった。

通常は原告ありきで訴訟を起こすところ、訴訟のために原告を募るのだからなかなか強引である。吉見氏と朝日新聞に関しては言うまでもない。要するに慰安婦問題は「日本発」、いわば「売国」であった。

「強制連行」が証明されたわけではない

ここまでの話では、日本政府が国家や軍の慰安所経営への「関与」を認めず、それを吉見氏と朝日新聞が暴いたというストーリーが出来上がっている。ちなみに、吉見氏は先の清水氏の答弁を誰が言ったとは述べておらず、そこから私自身も政府見解と受け取った。

これに対し秦郁彦氏は、軍が「関与」していたことは研究者の間では周知の事実で、軍が「関与」していないと思う人の方が珍しかっただろうとした上で、それをやや舌足らずの国会答弁に結びつけて、国としての「関与」を認めてこなかったとこじつけたのはトリックとしか言い様がないと述べている。

たしかに先の答弁なら国の「関与」を否定したとも受け取れるが、何しろ戦後四十五年も経ってから言われている話で、対応できる人が当時の政府にいなかっただろうし、何もわかっていないのにどう対応するか問われても困る、というのが正直なところだったのであろう。

それ以前に、声明は韓国の政府ではなく、支援団体から出されたものだったのである。国家間か、または国内の団体ならまだしも、日本政府が韓国の民間団体の要求に応える義務はない。そもそも手順が違っていたのではないか、と個人的には思う。そして発見された史料も、「軍の関与」を裏づけているとはいえ、「強制連行」を証明するものではまったくなかった。

吉見版『従軍慰安婦』にその史料、陸軍省副官通牒として出された文書【軍慰安所従業婦等募集に関する件】の全文が示されている。

【副官より北支方面軍及中支派遣軍参謀長宛通牒案】

《支那事変地に於ける慰安所設置の為、内地に於て之が従業婦等を募集するに当り、故らに軍部諒解等の名儀を利用し、為に軍の威信を傷つけ、且つ一般民の誤解を招く虞（おそれ）あるもの、或は従軍記者、慰問者等を介して不統制に募集し社会問題を惹起する虞あるもの、或は募集に任ずる者の人選適切を欠き、為に募集の方法、誘拐に類し警察当局に検挙取調を受くるものある等、注意を要するもの少なからざるに就ては、将来是等の募集に当りては、派遣軍に於て統制し、之に任ずる人物の選定を周到適切にし、其実施に当りては、関係地方の憲兵及警察当局との連繋を密にし、以て軍の威信保持上、並に社会問題上、遺漏なき様配慮相成度（あいなりたく）、依命（めいにより）通牒す》

吉見氏はこれを次のように解説した。

《これによれば、陸軍省は、派遣軍が選定した業者が、日本内地で誘拐まがいの方法で慰安婦の募集をおこなっていることを知っていた。しかし、このようなことがつづけば、日本軍に対する国民の信頼が崩れる。そこでこのような不祥事を防ぐために、各派遣軍（北支那方面軍・中支那派遣軍）が徴集業務を統制し、業者の選定をもっとしっかりするようにと指示したのである。また、徴集の際、業者と地元の警察・憲兵との連携を密接にするよう命じている》

西岡力氏は、軍は慰安婦の募集には「関与」しているが、民間の「業者」が軍隊の名を騙(かた)って悪事をすることをやめさせる、いわば「善意の関与」だとしている。

朝日新聞は、これとは別の二文書も「軍の関与」を示すと報じていたが、それらもまた、戦地で日本軍が強姦事件を起こすと敵の政治宣伝に利用されるので軍紀を引き締めると同時に慰安所を設置することを提起している文書などであった。

西岡氏いわく、合理的に考えるなら、戦地での民心離間を心配する軍が、一部で抗日独立運動が続いていた統治国・朝鮮で慰安婦「強制連行」を行い、朝鮮における民心離間を誘発するはずがない。つまり、吉見氏が発見した文書は「強制連行」を証明するものではなく、むしろそれがなかったことを示唆するものだという。吉見氏の解説の限りでも「善意の関与」と言っていいのではないか。

ところが吉見氏自身は、実は先の解説で「強制連行」を仄(ほの)めかしながらも（次々項で詳述）、主に批判しているのは慰安所の設置に軍が「関与」したこと自体で、はなから話が噛み合っていない。

とはいえ、韓国側の要求はまず「強制連行」を認め、それについて謝罪することで、当時の雰囲気は朝日新聞などの報道ぶりと加藤官房長官の慌てぶりなどから、あたかも「強制連行」が明らかになったかのような集団錯覚・詐欺劇が展開されていた、と西岡氏は述べる。

「軍の関与」の「隠蔽化方針」？

一方、朝日新聞平成二十六年（二〇一四）八月五日付記事によれば、京都大学教授・永井和氏は「善意の関与」という見方を否定しているという。

《永井教授が着目するのは、同時期に内務省が警保局長名で出した文書。慰安婦の募集や渡航を認めたうえで、「軍の了解があるかのように言う者は厳重に取り締まること」という内容だった。

永井教授は、業者が軍との関係を口外しないよう取り締まることを警察に求めたものと指摘。そのうえで、朝日新聞が報じた陸軍省の文書については、著書「日中戦争から世界戦争へ」で「警察が打ち出した募集業者の規制方針、すなわち慰安所と軍＝国家の関係の隠蔽（いんぺい）化方針を、軍司令部に周知徹底させる指示文書」との見方を示している》

これが朝日新聞の「軍の関与」批判の論拠ともなっているらしい。ここで言う「朝日新聞が報じた陸軍省の文書」は前項で示した史料だと思われるが、これを読んでそういう解釈になるだろうか。百歩譲って《故らに軍部諒解等の名儀を利用し、為に軍の威信を傷つけ、且つ一般民の誤解を招く虞あるもの》はそう解釈できる要素があるとしても、《募集の方法、誘拐に類し警察当局に検挙取調を受くるもの》となると悪質業者としか言い様がない。それら悪質業者に対しての注意を喚起する指示文書だと私は思う。

また、「同時期に内務省が警保局長名で出した文書」は【支那渡航婦女の取扱に関する件】というもので（吉見義明編『従軍慰安婦資料集』に記載）、（慰安婦が必要とされた）当時の実情に鑑み、「醜業」（主に「売淫」

を表す）目的の女性らの渡航を当分の間黙認するとしながらも、事実上醜業を営み満二十一歳以上の性病疾患のない者、それも北支・中支方面に向かう場合のみに限り、本人が警察に出頭して渡航申請する等渡航資格を厳格に定めた、いわば不当な渡航を防ぐための指示文書であり、その中で《募集周旋等ニ際シテ軍ノ諒解又ハ之ト連絡アルガ如キ言辞其ノ他軍ニ影響ヲ及ボスガ如キ言辞ヲ弄スル》悪質業者の厳重な取り締まりを求めているのであって、こちらもやはり「隠蔽化方針」とは解釈できない。

この文書に関して、吉見氏も厳格な規定であることは認めながら、一方で問題視したのは、同様の通牒が朝鮮・台湾で出されなかったことであった。以下共著書『ウソと真実』の記述。

《実際には、同様の通牒がだされなかったので、朝鮮・台湾からは二一歳未満の未成年が慰安婦として多数送りだされた。外務省からでてきた公文書によれば、台湾から六名の台湾人少女が華南にいた台湾歩兵第二連隊の専属慰安婦として送られているが、その年齢は最高で一八歳、最低でなんと一四歳だった。一四歳といえば、いまの日本では中学生である。だが、台湾総督府はそのことの違法性を問題にもしていない。

日本軍と日本政府は、内地と朝鮮・台湾とでは、明らかに差別的な取り扱いをしていたのである》

たしかに同様の通牒を出すべきだったのかも知れないが、未成年者に関しては朝鮮・台湾での徴募の問題が大きかったのではないか。

そして吉見氏いわく朝鮮・台湾には徴募の指示も出されなかった。

「業者」と警察・憲兵が連携していた？

反国家補償論者らは先の二文書などを根拠に、軍や警察が違法な徴募を防止するため適切な指導を行っていたと指摘したが、対する吉見義明氏は同書でそれを「一知半解の説」「浅い知識」と断じ、先の「陸軍副官通牒」もまた日本国内の徴募を意図して出された指示で、朝鮮・台湾などを含まないと強調した上でこう述べている。

《これ以後、徴募にさいしては、業者は地元の憲兵・警察と連携していくことになった。そのさい、朝鮮・台湾で集める場合も憲兵・警察が連携していたであろう。そうだとすれば、業者がお金でしばってつれていったり、だましてつれていったり（誘拐）、拉致してつれていった場合には、当然、憲兵・警察にも責任があることになる。

ところで、この通牒は、日本内地でのことだけを問題にしている。つまり、軍が防がなければいけないと考えた「社会問題」は日本内地だけで、日本人にたいして「軍の威信」が崩れることだけをおそれたと考えられる》

朝鮮・台湾への適切な指示が出されなかったことを指摘しながら、なぜか「業者」と警察・憲兵の連携の概念だけは残している。日本国内の「業者」と警察・憲兵の連携は吉見氏の史料の解釈の問題だが、韓国・台湾に関してはあくまで憶測に過ぎない。実はそこに、大した根拠などないにも拘らず、朝鮮・台湾では「業者」による誘拐・拉致が横行していたから、連携していたと憶測される警察・憲兵も同罪、という「こじつけ論法」。

前々項で示した《徴集の際、業者と地元の警察・憲兵との連携を密接にするよう命じている》という吉見氏の解説と併せて考えると、まるで朝鮮・台湾では警察・憲兵が悪質業者と共謀して誘拐・拉致を黙認していたようにも思える。

吉見版『従軍慰安婦』では、元慰安婦女性らの「証言」と絡めて「業者」と警察・憲兵の連携を強く示唆し、「ほぼ確実」とまで言っているが、確実な「証言」などなく、また吉見氏の見解も明らかに憶測で、その論拠となっているのは先の史料の解釈に他ならない。

そして、おそらく吉見氏がこういう解釈をした影響が大きいと思われるが、「クマラスワミ報告書」にいたっては、警察官が直接的に、いい仕事があると言って少女たちを騙した、あるいは、「挺身隊」を募集した旨が書かれていた（第八章で詳述）。だが先述の如く、挺身隊と慰安婦はまったく別物なので、この話にも信憑性はない。

吉見氏自身も著書などでそこまでは言っておらず、それは吉見氏に強い影響を受けた、同報告書の主要参考文献であるジョージ・ヒックス著『性の奴隷　従軍慰安婦』に書かれていることで（かたや吉見氏はヒックス氏をまったく信用していない）、こういう根本的な誤りが訂正されないまま、いまだに放置されている。

史料（陸軍副官通牒）にはこう書かれていた。

《将来是等ノ募集等ニ当リテハ派遣軍ニ於テ統制シ之ニ任ズル人物ノ選定ヲ周到適切ニシ其実施ニ当リテハ関係地方ノ憲兵及警察当局トノ連携ヲ密ニシ以テ軍ノ威信保持上並ニ社会問題上遺漏ナキ様

配慮相成度依命通牒ス》
そもそもこれは悪質業者に対しての注意を喚起する派遣軍への指示文書と考えられ、本来の警察・憲兵の業務から考えても、「業者」ではなく派遣軍が警察・憲兵との連携を密にして《以テ軍ノ威信保持上並ニ社会問題上遺漏ナキ様》慰安婦徴募の管理を徹底するよう指示していると私には読めるのだが、「一知半解」だろうか。

だが「募集等」を派遣軍が統制しろと言っていながら、肝心の「其実施」の段で「業者」を警察・憲兵任せにするのも妙な話である。第一、取り締まりならまだしも、なぜ警察・憲兵が本来の業務をそっちのけで募集にまで付き合わなければならないのか。いかに日本が統治していたとはいえ、それこそ一部で抗日独立運動が続いていて、当時の朝鮮半島も決して天下泰平ではなかっただろうし、そこまで慰安婦の徴募を中心に世の中が回っていたとは思えない。吉見氏はあまりにも慰安婦問題を中心に物事を考え過ぎている。

そして「業者」と警察・憲兵との連携をこじつけ解釈するならば、朝鮮・台湾でも徴募は行われていたのだから、日本国内の治安を預かる内務省警保局（現在の警察庁に相当）が国内の警察に向けて出した海外渡航に関する指示とは異なり、陸軍省が中国にいる派遣軍に向けて出したこの文書は国内外を問わぬ指示と見るべきであろう。

また、渡航に関しても、少なくとも軍による「差別」ではない。

もちろん、それ以後に悪質業者を見抜けなかったという責任はあるかも知れないが、不法行為が表立って行われたとも、当時慰安婦ら自身が「被害」を訴えたとも考え難く、また騙されたにせよ、誘拐であればまだしも「人身売買」の場合、売った側の人間（親など）が訴え出るはずもないので、事件ありきで動く警察・憲兵に責任を負わせ過ぎるのも酷ではないか。まして、警察・憲兵自らが誘拐・拉致にまで関わっていたとなると、これまた言い掛かりとしか思えない。

違法な命令書を書くはずがない？

実際、その後においても官憲や軍による「強制連行」を裏づける史料は発見されていない。それは吉見氏も認めていた。その状況は「軍の関与」史料発見から二十数年が経った現在も変わらない。ただし、敗戦に際して日本政府が組織的に公文書を破棄・隠滅した、あるいは第一章で述べたように政府機関が隠し持っている可能性を示唆した他、共著書『ウソと真実』でこうも述べている。

《なお、強制連行を指示する命令書がないから強制連行もなかったはずだという者もいるが、これはおかしい。違法な指示を命令書に書くはずがないではないか。また、命令書には徴募の方法などは書かないものである》

自身で証明できないのに、「強制連行」の可能性を示唆。それを言えば、ご自身の史料発見の意味がなくなると思うが……。

また、永井和氏が言う「隠蔽化方針」の指示文書も吉見論法で考えると、知られて困ることならそれ自体が廃棄されて然るべきである。

さらに問題なのは、日本における訴訟の原告となった金学順さんの経歴であった。これもまた「強制連行」により慰安婦にされたわけではなく、生活が苦しくなった母親によって「キーセン（妓生）」に売られた、と言うのである（訴状でもほぼ同様の主張）。

キーセンとは、諸外国からの使者や高官を歓待したり、宮中内の宴会等で楽技を披露する女性で、朝鮮国では古来から存在していた。「日本で言う芸妓（芸者）」とされることが多いが、同時に「娼妓」とも言われ、性的サービスを行う面も強かったようだ。

金学順さんは十四歳から三年間「キーセン学校」に通ったというから、これを「強制連行」とするにはいささか無理があるし、元々「日本式」公娼制度とすら関係がなかったことにもなる。そもそも、大前提として昭和四十年（一九六五）の「日韓基本条約」で賠償問題は解決済み、というのが当時の両国間の「合意」であった。

秦郁彦氏によれば、訴状でも認めるように、この訴訟の弱点は日韓基本条約で法的解決が終了している点にあり、韓国国内法の補償対象から洩れた原告たちの請求はまず国内法改正の形で韓国政府に持ち込むべき筋のもので、日本の裁判所に訴えても勝訴する見込みがほとんどなかったことを指摘している。裁判所の判決のみで日本国の責任問題がすべて決まるわけではない。

吉見氏は金学順さんについて『ウソと真実』でこう述べている。

《日本軍の意思で設置され、日本軍が監督・統制する慰安所に、朝鮮からつれてこられて無理矢理連行された、あるいは売られた一七歳の女性が閉じこめられていたとすれば、当然、日本軍にも重大

な責任があることになる》
日本軍慰安所に関してその理屈が通るとしたら、同様に徴募された朝鮮の一般の売春婦の立場はどうなるのか。

後世に禍根を残す「河野談話」

前四項に見るように、実は「強制連行」が証明されたわけではないのだが、当時の「世論」はそうではなかった。そして日本政府は、ある程度の史料調査と元慰安婦女性らの一部からのヒアリングを行い、平成五年（一九九三）八月四日に調査結果を公表、当時の河野洋平内閣官房長官の名で次のような声明を発表する。

《いわゆる従軍慰安婦問題については、政府は、一昨年十二月より、調査を進めて来たが、今般その結果がまとまったので発表することとした。

今次調査の結果、長期に、かつ広範な地域にわたって慰安所が設置され、数多くの慰安婦が存在したことが認められた。慰安所は、当時の軍当局の要請により設営されたものであり、慰安所の設置、管理及び慰安婦の移送については、旧日本軍が直接あるいは間接にこれに関与した。慰安婦の募集については、軍の要請を受けた業者が主としてこれに当たったが、その場合も、甘言、強圧による等、本人たちの意思に反して集められた事例が数多くあり、更に、官憲等が直接これに加担したこともあったことが明らかになった。また、慰安所における生活は、強制的な状況下での痛ましいものであった。

なお、戦地に移送された慰安婦の出身地については、日本を別とすれば、朝鮮半島が大きな比重を占めていたが、当時の朝鮮半島は我が国の統治下にあり、その募集、移送、管理等も、甘言、強圧による等、総じて本人たちの意思に反して行われた。

いずれにしても、本件は、当時の軍の関与の下に、多数の女性の名誉と尊厳を深く傷つけた問題である。政府は、この機会に、改めて、その出身地のいかんを問わず、いわゆる従軍慰安婦として数多の苦痛を経験され、心身にわたり癒しがたい傷を負われたすべての方々に対し心からお詫びと反省の気持ちを申し上げる。また、そのような気持ちを我が国としてどのように表すかということについては、有識者のご意見なども徴しつつ、今後とも真剣に検討すべきものと考える。

われわれはこのような歴史の真実を回避することなく、むしろこれを歴史の教訓として直視していきたい。われわれは、歴史研究、歴史教育を通じて、このような問題を永く記憶にとどめ、同じ過ちを決して繰り返さないという固い決意を改めて表明する。

なお、本問題については、本邦において訴訟が提起されており、また、国際的にも関心が寄せられており、政府としても、今後とも、民間の研究を含め、十分に関心を払って参りたい》

これこそが後世にまで禍根を残す、いわゆる「河野談話」である。

西岡力氏によれば、証明する史料が出て来ず、韓国側が「強制連行」を認めろと言い、首相が先に謝っている状況で「強制連行」はなかったという調査結果を出さなければならなかった。しかし、そのまま発表すれば日韓関係は悪化するし、史料にないことは言えないので、調査結果を取りまとめた外務官僚が「強制」という言葉の定義を広げ、「広義の強制」という概念を生み出したのだという。

つまり、普通「強制連行」と言う場合、権力による「強制」を考え、誰が連行したかは客観的な事実だが、河野談話の「強制」は本人の主観を問題とし、嫌でしたかと聞いた時、本人の主観で嫌だったと答えれば、それは「強制」されたことになる。

読んでわかる通り、軍や官憲による直接的な「強制連行」を認めたわけではないのだが、吉見義明氏らが主張する「広い意味での強制連行」（第三章で詳述）の概念をも事実上日本国が容認してしまった。苦肉の策ではあったが、そんな思いは韓国側にまったく伝わっておらず、「強制」を認めた、と率直に受け止め、第三の後ろ盾となる。

「強制連行」が証明されないにも拘らず、それを認めたとも取れるこの談話に対し、反国家補償論者らはなぜこんな談話を出したのかと反発、いまだに批判されていることは言うまでもない。

冤罪事件の構造

一方、吉見義明氏はこの談話を《政府は軍や官憲の関与と慰安婦の徴集・使役での強制を認め、問題の本質が強大な人権侵害であったことを承認したことになる》と評しながら、それでも十分ではなかったらしく、著書『従軍慰安婦』序で次の問題点を指摘する。

《第一に、談話では、慰安所は「軍当局の要請により」設営されたとし、慰安婦の「募集」も「軍の要請を受けた業者が主としてこれに当」たり、慰安所の設置・管理や慰安婦の移送でも、軍の関与は「間接」的だった場合があるとしている。つまり、慰安婦の募集、軍慰安所制度の運用の主体は業者であったかのように読める余地を残している。

ところが、同じ日に発表された内閣官房内閣外政審議室「いわゆる従軍慰安婦問題について」という文書には、「慰安婦たちは戦地においては常時軍の管理下において軍と共に行動させられており、自由もない、痛ましい生活を強いられたことは明らかである」とある。あきらかにニュアンスが違っている。主体は国家・軍なのだろうか、業者なのだろうか。

第二に、慰安婦とされた女性たちの出身地・民族別は、「日本を別とすれば、朝鮮半島が大きな比重を占めていた」として、中国人・台湾人や東南アジア・太平洋地域の住民についてはほとんど言及していない。実際、日本政府はごく一部の韓国人元慰安婦からヒアリングしただけで、他の人々からのヒアリングをおこなっていない。朝鮮人が大きな比重を占めていたことはあきらかだが、問題の解明はそれだけですませることができるのだろうか。

第三に、「多数の女性の名誉と尊厳を深く傷つけた」といいながら、「お詫びと反省の気持ち」を言明したにとどまっている。ことは国際法に違反し、戦争犯罪を犯したのではないかという問題のはずである。徹底した真相の解明、罪の承認と謝罪、賠償、再発防止措置などが当然言及されるべきであり、それが欠けている》

そして日本政府は、公式に謝罪をしたとはいえ、国家間の請求権は解決済みとし、個人の補償は行えないという態度を変更していない。したがって対応は十分ではないというわけだ。

主体が軍か「業者」かという問題はともかく、そもそも韓国一国から、それも政府ではなく支援団体から出て来た要求でも手一杯なのに、わざわざ東南アジア・太平洋地域にまで問題を拡大させる必要があるのだろうか、と私個人的には思った。

西岡力氏によれば、「強制的」という語は慰安所生活に対して使われたもので、募集に関しては使われておらず、募集の主体が「業者」であったことを明示しながら、「軍の要請を受けた」という修飾語により「強制連行」に近いニュアンスを残す記述、という解釈になる。おそらく政府には、日韓双方の立場に配慮しつつ、早期に収束したい意図があってこうした表現となったのであろう。

国内で国家補償の是非を論じる双方からの反発がある一方、韓国側には率直に「強制連行」を認めたと受け取られて、これを主張の後ろ盾とされ、逆に騒動を長引かせる結果となってしまった。

簡単には反証できない四十五年以上前の元日本兵や元慰安婦らの「証言」、特に吉田証言は自国の人間、それも当事者の「証言」である。それを一方的に突きつけられ、すでに前官房長官が「軍の関与」を認めて、首相がさっさと謝罪し、韓国「世論」は怒り狂い国内「世論」も国家賠償論に傾いた。河野談話ばかりが悪者扱いされるが、当時の一連の流れを考えると致し方ない対応にも思われ、むしろ気の毒である。

いわゆる慰安婦問題は冤罪事件、特に痴漢の冤罪と構造が似てはいないか。いわば、満員電車の中で、身に覚えもないのに女性から痴漢だと指さされ、事情がわからない周囲の他の乗客に取り押さえられ、その後何を言おうが取り合ってすらもらえない。そして状況を考えると、自白を強要されたも同然。一度自白させられると、その後訂正を試みても、言ったじゃないかの一点張りで、決して聞いてはもらえなくなる。韓国側の対応とほぼ同じではないか。

韓国政府の責任

国家補償をしていないから日本国が何の責任も認めていないかと言えば、決してそんなことはない。先述の如く、そもそも昭和四十年（一九六五）の「日韓基本条約」によって賠償問題はすでに終結している。そこに慰安婦問題は入っていなかったからというのが韓国側の主張のようだが、こちらに言わせれば入っていないのがおかしい。吉見氏はかつて、五十年間問題が解決しなかった原因として、「軍の関与」すら認めない日本政府の姿勢を問題としていたが、その前に韓国側から声が上がらなかったことが問題であろう。

むしろ韓国の人々に聞きたい。彼らは、親類縁者、知人でもいい、祖母よりもはるか上の世代に当たる人が慰安婦にされたという話を聞いたことがあるのだろうか。無関係であろう大多数の一般女性らは、第三国人らにより当時の朝鮮の若い女性らすべてが手当たり次第に慰安婦にされたかのような話にされて、不快には感じないのか。

「強制連行」されて慰安婦となった女性は「二十万人」とも吹聴されている。仮にそれが事実なら、元日本兵から言われて初めて気がつくレベルの話ではない。大騒ぎしているのは後世の人々である。声が上がらなかったのは、その時代の人々にはちゃんと事情がわかっていたからではないか。つまり、官憲や軍による「強制連行」などなかったのであろう。

「そんなことはない！　当時を知る元慰安婦女性らの『証言』があるではないか」と言われるかも知れない。しかし、元慰安婦として韓国社会で引け目を感じて生きてきたであろう女性らは、ある日突然日本からやって来た弁護団から、自身が「被害者」であることを教えられた。韓国は元々「反日」国家なのである。「日本が悪い！」と言われれば、当然それを信じるであろう。

だが実際は、詐欺紛いの話も含め、周旋業者絡みの徴募が大半だったようであるし、日本軍の慰安婦になるか、一般の売春婦になるかの境目は「業者」次第だったのではないか。そして同様に徴募されながら、一般の元売春婦らには何の補償もなく、元慰安婦らからさえ一緒にするなと蔑まれている。こんな不条理な話があるだろうか。

日本が日韓基本条約を口実に国家補償から逃げているかのように言われるが、当初は同じ理由で韓国政府もまた国家補償に対して消極的であったことを有耶無耶（うやむや）にしてもらっては困る。当時の金泳三大統領は慰安婦問題に関して「日本政府に対していかなる物質的補償も要求しない」と公に保証し、河野談話はそれを大前提に、それこそ「最終的解決」のつもりで出された。

千田夏光著『従軍慰安婦』によれば、慰安婦問題は昭和四十四年（一九六九）のソウル新聞で取り上げられていたという。とはいえ、これがスクープというわけでもあるまい。同書では、韓国で取材に応じてくれた記者が慰安婦問題への関心について次のように語ったとされている。

《「朝鮮戦争とかいろんなことがありましたから。それに今の韓国は重大な問題が沢山ありますし、

そのことに目を向ける暇が無いのです」》

元慰安婦女性らのみならず、メディアを始め韓国社会全体がこの問題から目を背けていたのではないか。おそらく、八〇年代までは第七章で詳述する在韓米軍向け売春婦の問題があったため、韓国政府も消極的だったのであろう。最近では元慰安婦女性らの高齢化が問題視されているが、それもまず言い出すのが遅過ぎる。これは刑法犯罪で言うところの「親告罪」のようなもので、強姦ですら親告なしで罪には問えない。

吉見氏らの『ウソと真実』共著者の川田文子氏は、「いわれるような被害を受けていたとしたら、どうして戦争の終わったあとすぐ訴え出なかったのか」という問いに答え、被害者側の心情を挙げた。《あらゆる性暴力に共通するが、性暴力の被害者は、被害を訴えれば、あたかも被害者に非があるかのように思われたり、好奇の視線にさらされたりなど、あらたなる被害を受けかねない。そのため被害を訴えるケースはごく一部である。慰安婦にされた被害者もその例外ではない》

元慰安婦女性らは、性暴力に曝された記憶に苦しみ、また世間にそれを知られることを恐れるなど重い戦後を過ごした被害を訴え、共感者を得るのに半世紀が必要だった、とも述べている。

性暴力と言うならば、痴漢行為が卑劣な犯罪である一方、冤罪事件が多いという側面もよく認識してほしい。人違いはもとより、中にはでっち上げとしか思えない事件もある。一度逮捕されると、か弱い女性が勇気を出して訴えたのだからという思い込みから、男性側の言い分はほとんど聞いてもらえない。元慰安婦女性らの「証言」に怪しげなものが多いのも事実である。

だが、私が言いたいのはそういうことではない。仮に「強制連行」があったとすれば、それは日本の刑法上被害者の親告を必要とする性暴力とは関係なく、親告の有無を問わない「略取」「誘拐」に該当する。韓国政府がこれに気づかなかったとは考え難く、昭和四十年（一九六五）までに十分責任は問えたはずで、元慰安婦女性らの事情など韓国政府の言い分にはなり得ない。国家制度的「強制連行」ならば尚更である。竹島のことは朝鮮戦争中でもきちんと行っているではないか。仮に韓国国内の「世論」が彼女らを蔑んできたなら、まず「世論」が責められるべきで、日本への責任転嫁はお門違いである。

「アジア女性基金」を拒絶

国家補償とはならなかったが、それに近いことはやっている。

それが平成七年（一九九五）、当時の村山富市首相が理事長となって設立された「女性のためのアジア平和国民基金」（通称「アジア女性基金」）であった。西岡力氏によれば、河野談話で謝罪はしたが、補償はどうするのかという話になり、国民の寄付で元慰安婦女性らに同情の意を示そうという意図でこの基金が作られるも寄付金はなかなか集まらず、寄付金以外の運営費や人件費などはすべて税金で賄われている。総理大臣のお詫びの手紙を付け、元慰安婦女性らに一人二百万円の償い金、政府資金で三百万円相当の医療・福祉援助を行うという、実質的には国家補償に極めて近いものであった。この「償い」は韓国のみならず、吉見義明氏が主張する中国・台湾や東南アジア・太平洋地域にまでおよんだ。

吉見氏の理屈はわからないではないし、元慰安婦女性らの苛酷な生活については考慮すべきで、補償を行うことにも異論はない。ただ、それを日本政府が行うにしても、元慰安婦女性ら個人に対してすべきであって、国家間の問題とすべきではない。さらに、それは「アジア女性基金」によってすでに終了しているのだ。

基金の運営に携わった明治大学教授・大沼保昭氏の著書『「慰安婦」問題とは何だったのか』によれば、当初韓国政府もまた日韓の請求権問題は日韓基本条約によって解決済みとし、日本が「道義的責任」に基づいて償いを行うという姿勢を消極的ながらそれなりに評価していたが（第八章で詳述）、支援団体やメディアの強硬姿勢に押され次第に厳しい姿勢を示すようになったという。

西岡氏によれば、「償い金」と称して、政府ではなく国民の寄付を集めているこの基金はまやかしだという批判があり、受け取った人は裏切り者と呼ばれ罵られる事態にまで陥った。謝れと言うから謝り、何か気持ちを示せと言うから金まで渡し、他国ではそれなりに受け入れられたのに、韓国だけがそれを拒んだ。

吉見氏は『ウソと真実』で「謝罪」についてこう述べている。

《私は日本国家に責任はあると思う。そのとき、日本人として、父母や祖父母の世代が築いた繁栄という資産のみ受けついで、戦争責任という負債を知らないとはいえないだろう。いやなら、日本国籍を離脱するしかない。

いつもアジアから謝罪を要求されているのは事実だが、それは、これまで政府関係者が何度も不徹底な「お詫び」や「反省」をのべながら、真の「謝罪」をしていないからだ。戦争責任に取り組む機会は、敗戦直後、講和の時期、東南アジア諸国との賠償交渉の時期、日韓条約締結の時期、日中国交回復の時期など、何度もあった。しかし、どの時期にも十分にはおこなわれなかった。そこから若者にフラストレーションがたまるのはよくわかる。

何度も謝罪する必要はない。一度でいいから、罪を認めて、あやまればいいのである。しかしそのためには何がおこったか、どこで過ちを犯したかを明らかにするとともに、しっかりと記憶する必要がある》

わからない者は日本国籍離脱と言うのだから、やはり手厳しい。私はもう若者ではないが、吉見氏の見解に強い憤りを覚える。目上の人に対して失礼ではあるが、彼は一体この国をどうしたいのか。謝れば済むというのも、認識が甘過ぎではないか？

下手に出ればつけ上がる。それが韓国である。そして平成二十七年（二〇一五）末の日韓「合意」への見解を見てもわかる通り、日本政府が何をやっても気に入らない。それが吉見義明という人物なのである。それほど気に入らなければ、吉見氏こそ日本国籍を離脱されてはいかがかと思う。

西岡力氏によれば、平成二十三年（二〇一一）八月三十日、韓国の憲法裁判所は「韓国政府が日本に対して元慰安婦らの賠償請求のための外交交渉をしないことは憲法違反」という判決を下したという。

かつては韓国の慰安婦支援団体が日本でいくつも訴訟を起こすも、それこそ日韓基本条約で解決済みとの理由で敗訴が続いた。

この状況を受け、太平洋戦争犠牲者遺族会が韓国政府に対し日韓交渉の外交文書を公開するよう申し入れ、政府が外交関係を理由に拒否すると、遺族会はソウル行政法院に情報公開拒否処分取り消し請求訴訟を起こす。平成十六年（二〇〇四）二月十三日、同法院は外交文書の一部を公開せよと命じる判決を下した。韓国政府は、一度は控訴するも平成十七年（二〇〇五）一月、当時の盧武鉉大統領の「反日」政策により文書を公開する。

平成十八年（二〇〇六）三月八日、韓国政府の基本的立場が明らかにされた。

《韓日請求権協定で扱われなかった日本軍慰安婦などの反人道的不法行為に対しては日本政府に持続的に追及し、サハリン韓国人、原爆被害者問題などは日本政府と外交的協議を通じて支援団体を拡大していく計画である》

これを受け、同年七月五日、今度は挺対協が元慰安婦らに働きかけ、韓国政府が慰安婦賠償を日本に求めないことは憲法違反だ、とする訴訟を起こす。五年後下ったのが先の判決であった。

そして違憲判決の陰にはまたも戸塚悦朗氏の助力があったという。

第三章　「世界」を誤らせた「こじつけ論法」

元凶・吉見義明論理と「世界」の曲解

平成二十七年（二〇一五）五月、アレクシス・ダデン氏の主導により発表された声明のタイトルは【日本の歴史家を支持する声明】であった。ここで言う「日本の歴史家」が吉見義明氏であることはすでに述べた通り。そして、この吉見氏の論理こそが、「慰安婦＝性奴隷」という国際社会の「決めつけ論法」の原点、いや、「元凶」に他ならない。

当事国の韓国メディアはもちろん、『従軍慰安婦　性の奴隷』の著者であるジョージ・ヒックス氏、それを主要参考文献として報告書を書き上げたラディカ・クマラスワミ氏、アレクシス・ダデン氏らアメリカの左派系歴史学者、おそらくは日本を攻撃し続けるアメリカ下院議員のマイク・ホンダ氏も、この問題で日本を非難する第三国人はすべて吉見氏の研究結果を論拠としている。したがって、国際世論を読み解く上ではここが最も重要と言っていい。国際世論は、要するに吉見氏の受け売りに過ぎず、本来は吉見氏だけを相手にしていれば十分のはずである。

ところが、なぜか「吉見チルドレン」の方が大きな顔をしていて、当の吉見氏だけでなく韓国までもがそこに乗っかってしまった。実は、吉見氏の論理と国際世論は、日本に国家補償を求める点では同じでも、各々理屈が異なる。国際世論は吉見氏を「支持する」と言いながら、吉見氏の論理を曲解しているのだ。

国際世論があくまで「強制連行」を当然のことと捉えているのに対し、吉見氏らは「強制連行」を証明する史料が発見できないことを認めた上で、「強制連行」だけを問題にするのはおかしいと慰安所での処遇などにまで「強制性」の範囲を拡大している（広義の強制）。

前章において、韓国が「強制連行」を主張する根拠の五番目にこの吉見氏の研究を挙げた。吉見氏がそれを証明できていないのになぜ？　と思われるだろう。これが実に厄介なのだが、韓国は吉見氏が「強制連行」も証明したと思い込んでいるのだ。それはこの問題における「世界」のバイブル・吉見版『従軍慰安婦』で「関与」ばかりを強調し、そのことを明言していないためでもあるだろう（『ウソと真実』で、韓国・台湾では「確認されていない」と述べた）。

マグロウヒル社世界史教科書の記述などを見る限り、第三国の認識も韓国のそれと変わらず、一方的な見解を押しつけてくる。

アレクシス・ダデン氏は、慰安婦に関する「真実」のほとんどは吉見氏が証明し「すでに全世界が認めている真実」で「議論の余地がない」とまで断じてまるで聞く耳を持たないので、「論争」になどなり得ない。「論争」があるとすれば、それはあくまで日本国内の問題である。

結果、国際世論は「性奴隷強制収容所」とも言うべき架空の慰安所像を勝手に創り出し、日本軍を悪魔に仕立て上げた。明らかに吉見氏の論理を曲解しているのだが、吉見氏自身が負けず劣らず日本軍を悪く言い、解釈論により「強制連行」の範囲を拡大してそれがあったかのように言い、さらには「慰安婦＝性奴隷」と断じてしまっているので（いずれも本章で後述）、それも仕方ない。

さらに困るのは、実は日本国民の多くが、慰安婦が何者かすらよくわかっていないことである。吉見氏の考え方を支持すると言うならそれはそれで構わないが、よくわからないまま「世界」からの批判を真に受けてしまっているとしたら看過できない。

広い意味での「強制連行」？

吉見氏の論理と国際世論の理屈の違いを具体的に説明しよう。吉見氏いわく、「強制連行」がなかったと言う人々は、それを「官憲による奴隷狩りのような連行」と意図的に狭く限定しているが、これは問題を矮小化するもの、とのこと。史料によって「強制連行」を証明できなかった吉見氏は、その独自の定義を創り出した。

共著書『ウソと真実』にこう書かれている。

《まず、強制連行とは本人の意志に反してつれていくことである。このように広い意味での強制連行には、①前借金でしばってつれていくことや、②看護の仕事だとか、食事をつくる仕事だとか、工場で働くとかいってだましてつれていくことや（誘拐）、③拉致などもふくまれる》

この「広い意味での強制連行」という概念は平成五年（一九九三）の河野談話にも通じるが、実は平成四年（一九九二）刊の吉見義明編『従軍慰安婦資料集』の解説ですでに主張されており、この概念の生みの親が吉見氏であることを小林よしのり氏が九〇年代から指摘していた。

河野談話の元凶もまた吉見氏だと言えるかも知れない。

③はともかく、①②は「業者」の行為ではないのか。

②にいたってはあからさまな悪質業者の行為である。

仮に官憲や軍による「強制連行」があったとすれば③に該当するだろうが、それがなければ、一般の売春婦の徴募とまったく変わらない。つまり実質的に、日本軍慰安所が設置される以前から行われていた「業者」の行為のみを「強制連行」と言っている。

ここで吉見氏は前章でも示したこの論理を持ち出した。

《官憲が直接やっておらず、業者がやった場合でも、元締めとなる業者は軍が選定し、女性を集めさせているのだから、当然軍の責任になる》

私には、無理矢理な解釈としか思えない。日本軍慰安婦に関してはそれでよくても、同様に徴募され、戦地に連れて行かれたこと以外（とはいえ国外に売られた場合はある意味より過酷である）境遇がまったく変わらない一般の売春婦に対しては誰が責任を負うのか。

その責任は「業者」にあると私は思う。

だが、吉見氏は釘を刺すように同書でこう述べた。

《朝鮮人業者の責任を追及する場合にも、日本はいちばん人のいやがる汚い仕事は朝鮮人にやらせていたという植民地支配の構造を頭のなかに入れておくべきだろう》

さらに著書『従軍慰安婦』でこう述べる。

《たとえ本人が、自由意思でその道を選んだようにみえるときでも、実は、植民地支配、貧困、失業など何らかの強制の結果なのだ》

これはあくまで日本軍慰安婦に関して述べていることで、同書で一般の売春婦に言及しているわけではない。だが、吉見氏にかかると「植民地支配」までもが「強制」になってしまう。

元慰安婦女性らを含む当時の売春婦の事情としては貧困による身売りが多いようだが、この論法ならば「業者」の行為にいたるまで悪いのは「植民地支配」、すなわち日本の統治で、最終的にはすべて日本が責任を負うべきという話になるであろう。「業者」は日本国に嫌々やらされていたとでも言うのだろうか。だが、前章で述べた通り、特に日本軍慰安所設置以前には「業者」とて国内外の需要があったからこそ仕事になっていたはずで、そうした需要まで日本国が強要するはずはなく、そこまで責任を押しつけるのはいささか強引である。

吉見氏の著書を読んでいてまず感じたのは「強制連行」云々よりも慰安所そのもの、そして日本国への嫌悪感であった。清廉な教授には慰安所の設置という発想自体受けつけないのであろう。

吉見氏が当初から批判していたのは「軍の関与」自体であって、実ははなから「強制連行」の立証にそれほどこだわっていない。そして、吉見氏は官憲や軍による先の③が立証できなかったため、日本軍慰安所設置以前から「業者」により行われていた①②、そして③により「強制連行」を強引に成立させようとしている。私はこれを日本軍による「強制連行」とは断じて認めない。

軍慰安所は「軍公認の売春宿」

一方、韓国や第三国にはそんな概念がまったく伝わっておらず、国際世論が言う「強制連行」はまさに慰安婦狩りそのもの。

マイケル・J・フォックス主演のアメリカ映画『カジュアリティーズ』は、ベトナム戦争時、戦場近くの村落の民家に夜間忍び込み、少女をまさに「強制連行」し性奴隷として戦地を連れ回した挙げ句最後には殺害するという、数名の米兵らの戦争犯罪を告発する。

日本を批判するアメリカ人は特に、そうした不法行為を日本軍が組織的かつ手当たり次第に行ったと誤認しているらしい。たしかに相当数の慰安婦が存在しただろうが、大多数の一般女性は無関係だ。アメリカ人は、アメリカ政府が日系人に対して行った「強制収容」をこの問題にも勝手に当てはめているのであろう。

「強制連行」が事実なら、慰安所は「性奴隷強制収容所」とも言えようが、事実である根拠はなく、また相応の報酬を得ていた慰安婦が「奴隷」であるはずもない。

自らの意思に反して慰安婦にさせられたという心情はわかる。だが、そもそも「慰安婦」とは一体何者なのか。日本軍慰安所は「日本軍公認の売春宿」以外の何物でもない。その意味での「軍の関与」なのである。したがって「本人たちの意思に反して」徴用されても、そこで働かされた慰安婦は客観的な立場として、英語で言う「prostitute（売春婦）」なのである。

そう言うと特に韓国が怒るが、それも慰安婦が「強制連行」の「被害者」だという前提の感情論に過ぎない。「慰安婦」が日本軍特有の売春婦の呼称に過ぎないことは、かつての連合国軍報告書でもそれこそ客観的に述べられていた（本章の後半で詳述）。吉見氏はそれを明確に教えてくれないばかりか、「慰安婦＝性奴隷」と断定してしまったので（本章で後述）、国外の人々から誤解されるのは当然である。

断っておくが、私は慰安所の運営実態から考え客観的にそう言っているのであって、売春婦を蔑んで慰安婦を貶めるわけではない。むしろ慰安婦と売春婦を同一視することに怒る人々の方が余程職種差別をしている。この点、吉見氏は売春婦を「性的搾取を受けた女性」とお考えのようなので（後述）、吉見氏の研究を支持するならその辺りもしっかり認識すべきであろう。

吉見氏いわく、軍として慰安所を管理したのは日本とナチスドイツだけとのことだが（後述）、売春婦はどこの国にでもいただろうから、慰安婦は決して特別な存在ではない。そして既述の如く彼女らは日本軍が「強制連行」したわけではなく、「業者」が独自の判断・手法で徴集して契約、主に「業者」運営の慰安所を軍が管理した。もっともそれを言ったところで、売春自体が公序良俗に反しているという理由で、「女性の人権」論者は聞く耳を持たないであろう。

だが、彼女らはあくまで売春婦であって、日本軍の性奴隷ではない。なぜ日本軍の性奴隷ではないのか。それを本章で述べていく。

目的は「占領地での強姦事件防止、および性病予防」

吉見版『従軍慰安婦』によれば、慰安所の大量設置には昭和十二年（一九三七）十二月の「南京攻略戦」が大きく関わっていたという。

《一九三七年七月、日本は中国に対する全面的な侵略戦争を開始した。またたく間に数十万の兵力が中国大陸に派遣され、三八年以降は中国大陸に常時一〇〇万以上の軍隊が駐屯するという事態になった。このような大量動員は、日本軍にとってはじめての経験である。そして三七年末から、日本軍は中国各地に大量に慰安所を設置しはじめる。

軍慰安所の大量設置は、南京事件（南京大虐殺）をひきおこすことになる南京攻略戦と深い関係があった。三七年一一月、九〇日間の激しい上海攻防戦の後、中支那方面軍（司令官・松井石根大将）は南京に向けて進撃を開始し、進路となった揚子江沿いの各地で、掠奪・虐殺・放火・強姦などの不法行為の限りをつくした。他の戦争犯罪と同様に強姦は最悪の行為であったが、それだけでなく、日本軍首脳部にとってもとくにつごうが悪いことであった。国際的な顰蹙をかうだけでなく、中国人が強姦に対して厳しい態度でのぞむことをよく知っていたからである》

基本的に、吉見氏は日本軍を相当悪く思っているらしい。

吉見氏によれば、慰安所設置の目的は「占領地での強姦事件防止、および性病予防」であった。つまり、慰安所の設置にもそれなりの意図があったわけで、国際社会が考えるように、何も手当たり次第に一般女性を略奪し、監禁し、性的に虐待することを目的としていたわけではない。兵士には二十代半ばの若者が多かったようだし、女性経験もなく戦地に送られた人も少なくはなかったであろう。戦地ゆえ、明日命がある保証はない。そうした事情も考慮してほしいし、単純に「女性の人権」侵害で片づけてほしくない。それとも、野放図な強姦を容認した方が良かったのだろうか。

もっとも、吉見氏ら国家補償論者は、南京において日本軍が蛮行の限りを尽くしたと言って憚らないが、私はそうは思わない。

南京攻略戦があったのは確かだが、その後の南京において日本軍が虐殺・略奪・強姦を繰り返したとされる、いわゆる「南京事件」「南京大虐殺」に関しては肯定派・否定派で見解が分かれており、双方の論客は慰安婦問題とは比較にならないほど多いし、反対意見を述べる人々も決して少なくはなく、私もそちらを支持する。

簡単に語り尽くせることではないので、機会があれば詳細に述べたいが、少なくとも吉見氏の言うことを鵜呑みにしてほしくはない。

様々な検証を行った結果、私自身は次のように結論づけた。

［南京攻略戦・残敵掃蕩戦・その後の占領時において、原爆投下やホロコーストと同等視し、通常の戦闘とは別個に「南京事件」「南京大虐殺」と称するほどの逸脱した「大虐殺」・不法行為はなかった］

中国側は今なお「三十万人」が虐殺されたと盛んに喧伝している。これは二度の原爆投下と東京大空襲の合計の死者数とほぼ同等であるが、大量殺戮兵器を使用したそれらの奇襲攻撃とは異なり、当時の南京では住民も日本軍の侵攻を数週間前から認識した上で対応していて、「大虐殺」などできる状況ではなかった（第七章で後述）。

南京では一日千件の強姦事件が起こったとも吹聴されており、これもまた強姦が全くなかったと言えば詭弁だし、元日本兵にはそうした体験を告白する人々もいるが、その件数も含めて中国側のプロパガンダの影響が大きいことだけは述べておきたい。

実際、蔣介石が率いた中国国民党は、昭和十二年（一九三七）の上海から南京へと向かう戦乱の中で、中国軍の敗残兵による略奪目的の襲撃から護るため、日本兵が中国の農村の女性らを護衛し共に仲睦まじく歩く様子として日本の雑誌に掲載された写真をあえてボカして悪用し、中国女性の「強制連行」だと喧伝していたこともわかっている。

「あまり役だっていない」という詭弁

では慰安所設置により強姦は防止できたのか。吉見氏いわく「あまり役だっていない」。ただし、強姦に関しての具体的な統計が示されているわけではなく、吉見氏が論拠としているのは、昭和十三年（一九三八）当時武漢攻略戦を指揮した第十一軍・岡村寧次司令官の次の見解である。

《現在の各兵団は、殆んどみな慰安婦団を随行し、兵站の一分隊となっている有様である。第六師団の如きは、慰安婦団を同行しながら、強姦罪は跡を絶たない有様である》

ちなみに、この一文は稲葉雅夫編『岡村寧次大将資料　上巻―戦場回想篇』からの引用だが、数ある「各兵団」が「慰安婦団」を随行した中で、《強姦罪は跡を絶たない有様である》とまで特筆されているのはあくまで「第六師団」のみであることに留意してほしい。

そして、原書ではその前段でこう述べられていた。

《慰安婦問題を考える。昔の戦役時代には慰安婦など無かったものである。斯く申す私は恥かしながら慰安婦案の創設者である。昭和七年の上海事変のとき二、三の強姦罪が発生したので、派遣軍参謀副長であった私は、同地海軍に倣い、長崎県知事に要請して慰安婦団を招き、その後全く強姦罪が

止んだので喜んだものである》

岡村司令官こそが慰安所設置の発案者であると同時に、慰安所設置により「その後全く強姦罪が止んだ」と言っている。

この直後に先の一文、さらには欧米各国兵が略奪・強姦の限りを尽くした中でもかつての日本兵だけは決して風紀を乱さなかったことを例に挙げ、岡村司令官は当時の日本兵の質の低下を嘆いた。

併せて考えると、慰安所設置は間違いなく強姦防止に役立ち、ゆえに昭和十三年（一九三八）時点では各師団が「慰安婦団」を随行するようになったが、岡村司令官自身はこの状況を決して好ましいとは考えておらず、まったく問題を起こさなかったかつての日本兵と比較して慰安婦頼みの現状を嘆き、特に悪い例として「第六師団」を挙げている。

もっとも、大正七年〜同十一年（一九一八〜二二）、日本がアメリカやイギリスなどの連合国側の戦力としてロシア革命の鎮圧に向かった「シベリア出兵」においては多数の日本兵らが性病に罹患して命を落とし、その教訓があって慰安所が生まれたとも言われているので、必ずしも岡村司令官の認識が正しいとは言い切れない。

日本軍にも悪い兵士らが存在したことは確かである。特に国民皆兵で様々な人々が集まった陸軍の中には、戦後に連続強姦殺人で死刑になるような危険人物も含まれていた。したがって個々の兵士の質まで保証はできないが、だから日本軍全体が悪かったとされるのは困る。大半の日本兵は真面目にやっていたはずだ。

もう一つ、慰安所が役立たなかったとする論拠として吉見氏が挙げたのは、国府台陸軍病院付の精神科医師・早尾乕雄軍医中尉の「戦場に於ける特殊現象と其対策」という論文の「性欲ト強姦」という項目で、同書では次のように引用されている。

《出征者に対して性欲を長く抑圧せしめることは、自然に支那婦人に対して暴行すること、なろうと兵站は気をきかせ、中支にも早速に慰安所を開設した。其の主要なる目的は、性の満足により将兵の気分を和げ、皇軍の威厳を傷ける強姦を防ぐのにあった。……それでも地方的には強姦の数は相当にあり、亦前線にも是を多く見る》

同書での引用は所々を省略しつつさらに続き、これを読む限りやはり慰安所設置は強姦防止に役立たなかったかと思わされながら、先の例もあるので「……」部分が気になった。吉見義明編『従軍慰安婦資料集』記載の原文には省略された箇所にこう書かれている。

《慰安所ノ急設ハ確カニ其ノ目的ノ一部ハ達セラレタ、然シアノ多数ノ将兵ニ対シテ慰安所ノ女ノ数ハ問題ニナラヌ、上海ヤ南京ナドニハ慰安所以外ニ其ノ道ハ開ケテルカラ慰安所ノ不足シタ地方ヘ或ハ前線ヘト送リ出サレルノデアツタガソレデモ地方的ニハ強姦ノ数ハ相当ニアリ亦前線ニモ是ヲ多ク見ル》

実はこちらも慰安所の急設により「其ノ目的ノ一部ハ達セラレタ」と言っていた。そしてこの文章を読む限り、慰安所の設置が強姦防止に役立たなかったのではなく、むしろ慰安所の不足が、行き届かない「地方」での抑えが効かない一因となったと私には思える。なお、第六章でこの続きに言及するのでそちらも参照してほしい。

率直に言って、吉見氏は根本を誤っているか、持論の裏づけとして意図的に必要な部分のみ引用し（もっとも吉見氏には「慰安婦団」の随行自体が大問題なのであろう）、早尾軍医論文の引用にいたっては明らかな作意さえ感じられるが、あくまで慰安所設置が「あまり役だっていない」という前提でその持論を述べた。

《慰安婦制度とは、特定の女性を犠牲にするという性暴力公認のシステムであり、女性の人権をふみにじるものである。一方で性暴力を公認しておきながら、他方で強姦を防止するということは不可能であり、当然ながら、強姦事件を防止する本質的解決に結びつくはずもなかった》

つまり吉見氏は「女性の人権」を侵害する施設だと慰安所そのものを忌み嫌い、「あまり役だっていない」という詭弁で「占領地での強姦事件防止」という設置の意義自体を否定したいのである。この論理が本当に正しいのか、第六章で述べる在韓米軍向け売春街「基地村」が生まれた経緯と併せて考えてほしい。

もう一つの目的「スパイ防止」

続いて吉見氏は当時の「陸軍刑法」の規定の甘さを批判した。

《本来、強姦事件を防止するには、犯罪を犯した軍人を厳重に罰することが必要であり、それこそがまずなされなければならないことであった。しかし、陸軍刑法の規定自体が強姦罪に対して甘かった。

戦地・占領地での強姦罪は、陸軍刑法第八六条の第二項に「前項の罪（掠奪罪）を犯すに当り婦女を強姦したるときは無期又は七年以上の懲役に処す」とある。一見重そうにみえる。しかし、この規定は、掠奪罪のなかの付属項目であり、強姦自体を取り締まるのではなく、掠奪にともなう強姦しか問わない規定であった（さすがにこれは問題となり、ようやく四二年二月、強姦罪が独立の項目にされる）》

付属項目とはいえ、日本の現行刑法で親告罪である強姦を無条件で裁き、しかも「無期又は七年以上の懲役」となると、実はかなり厳しい規定である（刑法では三年以上の有期懲役）。戦地といえど、強姦が許されざる行為であることに変わりはない。

強姦のみならば本当に不問に付されたのだろうか。まず、大半の一般国民が刑法の条文など読まないのと同様、当時の一般の兵士らが規定を知っていたかが疑問である。さらに昭和十二年（一九三七）南京攻略戦当時の兵士らの「証言」によれば、多くはさらに重い「強姦は銃殺」という認識を持っていた。現場レベルの厳しい指導の方が余程影響力があったと思われる。

前項で引用した早尾軍医論文の原文は具体的な強姦事例を十例も挙げていた。これが早尾軍医の目撃証言であるはずはなく、個人的に調査したとも思えない。おそらくは何らかの公的記録に基づくものであろう。その上で《以上述べタ様ナ例ハ尚沢山ニ挙ゲル事ガ出来ル、強姦ヲヤツテモ容易ニ発覚シナイダロウト考ヘルコトハ大変ナ誤デコンナニ知レ易イ事柄ハナイノデアルト法務部当局ハ兵達ヲ戒メテ居ツタガ全ク其ノ通リデアル》と述べているのだが、不問に付されるならば具体例があるはずも、法務部が戒める必要もない。

同論文はこの後《憲兵ノ活躍ハ是ヲ一掃セントシ皇軍ノ名誉恢復ニ努力シツ、アルコトハ感謝ニタヘヌ》と述べ、「憲兵ノ活躍」を高く評価している。悪い兵士らの存在は否定できないが、日本軍はその現実を受け止めて対策を取っていた。慰安所設置はあくまで強姦対策の一つに過ぎず、憲兵による取締りを強化していたのである。

ところが吉見氏はこの部分を引用せず、言及もしていない。

吉見氏によれば、昭和十七年（一九四二）以降陸軍省は従来派遣軍に任せていた軍慰安所の設置を自ら手掛け始めたとのこと。そしてこう続けた。

《しかし、このような方策が決して軍紀風紀ひきしめに役立つことがないことはあきらかであった。四三年二月四日の陸軍省の課長会報では、犯罪の処刑人員は四一年度三三〇〇人、四二年度（一二月まで）四三三二人と増加しており、とくに「強姦逃亡等増加」していると法務局は報告せざるをえなかったのである》

これは昭和十七年（一九四二）二月に強姦罪が独立の項目になった影響なのだろうか。

あるいは、昭和十六年（一九四一）十二月八日に大東亜戦争が開戦し昭和十七年度には戦地が急拡大した影響とも考えられるし、犯罪＝強姦とも限らない。

先の批判通りなら、昭和十七年度三千三百人もの処刑人員に強姦罪は含まれず、逃亡の必要もなかったことになり、処刑人員や逃亡が増えるのは当然の結果である。それを「強姦逃亡等増加」と報告するとも思えず、銃殺とまでは言わずとも、たとえば先の規定を類推適用するなど、それまでも何らかの処罰があったと見るべきではないか。

もちろん、本来強姦などは一件たりともあってはならないし、厳しく見れば切りがない。だが吉見氏いわく「三八年以降は中国大陸に常時一〇〇万以上の軍隊が駐屯」、また昭和十七年（一九四二）当時陸軍全体で二百数十万の兵士が海外駐屯していたとされている。四千三百三十二人は決して少ない数字ではないが、そのすべてが強姦罪でもなく、処刑人員数の限りでは一部兵士らの犯行と見るべきで、これにより日本軍全体の軍紀風紀が緩んでいたかのように言うのは早計であろう。

ちなみに吉見氏は同書において、性病予防に関してもあまり効果がなかったかのように言っているが、それは致し方ない。今から少なくとも七十年以上前、吉見氏が「性奴隷」だと力説する劣悪な就労・生活環境であったとすれば、予防とはいえ、自ずと限界があったと考えるべきではないか。とはいえ、シベリア出兵の例もあり、兵士任せでは管理の仕様もなかったことは確かである。

藤岡信勝著『汚辱の近現代史』には次のような記述があった。

《内地でも当局は娼婦の衛生面の管理をした。戦地の慰安所でも、軍が、業者から見て顧客である兵士の健康にも関わる慰安婦の衛生状態に関心を持った。だから、軍は慰安婦について衛生検査を実施した。

それだけではない。戦地という特殊な条件に規定されて、慰安婦の輸送、慰安所の保護なども軍が行なった。しかし、このように軍が「関与」したからといって、慰安所を軍が「経営」していたわけ

ではない。慰安所はあくまで民間の業者が経営し、兵士は一回ごとに料金を払っていたのである》

私個人的にもそう考えるのが妥当ではないかと思う。

あくまで私見ではあるが、客として訪れる兵士らの側から考えると、慰安所では無防備にならざるを得ず、敵地にあってむしろ軍が「関与」していることが明確でなければ恐くて行きづらい。

吉見氏は慰安所のもう一つの目的「スパイ防止」にも言及した。

《将兵が占領地にある民間の売春宿に通うと、地元の売春婦を通じて将兵から軍事上の機密が漏れるおそれが大きくなる。そこで、みずから慰安所をつくり、それを常時、監督・統制することが得策だと日本軍は考えた》

慰安所の設置にも相応の配慮があったのである。

売春婦は「性的搾取を受けた女性」？

そうした慰安所設置の目的を著書『従軍慰安婦』の第I章で述べる以前に吉見氏は（もっとも設置の意義自体を否定しているが）、日本政府が「軍の関与」を認めていなかったが自身がそれを暴いた、という「勧善懲悪」ストーリーをまず序で滔々と述べて強調した。

さらに序で「従軍慰安婦」をこう定義づけている。

《「従軍慰安婦」とは日本軍の管理下におかれ、無権利状態のまま一定の期間拘束され、将兵に性的奉仕をさせられた女性たちのことであり、「軍用性奴隷」とでもいうしかない境遇に追い込まれた人

たちである》

「クマラスワミ報告書」と同様、序盤で「慰安婦＝性奴隷」と断定してしまった。当然ながら国際社会への影響は大きく、また後々これが日本国内で諍いを生む火種ともなる（本章で後述）。

吉見氏は単純に慰安婦制度のみを批判している人ではない。

《なお、「売春婦」「芸娼妓」「酌婦」「女給」といった用語もまた、本来は「性的搾取を受けた女性」という意味をもつ用語にいいかえていく必要があると思っている》

同書ではさらに、日本国内におけるかつての「公娼制度」を「まさに人身売買、性の売買と自由拘束を内容とする事実上の性的奴隷制度」と言っているし、現存する性風俗産業さえも「女性の性暴力を容認」と断じてしまう清廉なお方である。

女性の研究者ならば尚更そういう発想になるであろう。そう言われると、「売春防止法」で売春が禁じられていながら性風俗店の営業がなぜ許されるのか、私にはよくわからない。ただ、無許可で営業はできず、何らかの許可が必要であることは確かである。今の時代においても性風俗店に対する倫理観は様々だが、それこそ「強制連行」した女性らを無理矢理働かせていれば別として、許可を得た範囲内で営まれる限り決して違法営業ではない。

一方、日本軍慰安所に関しては、軍による「強制」こそ証明されないものの、悪質業者が運営した場合が少なくないと考えられ、必ずしも合法的に営まれていなかったと見るべきであろう。

だが、吉見氏の批判はそれ以前の問題で、まず個人的な倫理観で慰安所自体を忌み嫌っている。慰安所は「女性の人権」を踏みにじる施設で、増してその運営への「軍の関与」など断じて許せない。前々項で先述の如く、慰安婦制度そのものを批判している。

共著書『ウソと真実』では、公娼制度が「事実上の性奴隷制度」であるのに対し、慰安婦制度は文字通り「性奴隷制度」だとし、公娼制度は民間業者が作り民間人が利用するものだったが、慰安婦制度は日本国家（軍）が作り軍人軍属だけが利用するものだったとして、より悪質であるかのように指摘した。

個人的倫理観で述べていいなら、合法的に営まれる限りにおいて、現代の性風俗店も決して悪い場所だとは思わない。ただし、ぼったくりなどを行う、客側にとっての悪質店も中にはあるので、むしろ公権力が「関与」して厳しく管理してほしいくらいである。

性風俗店に出入りする人もいれば、そうした行為を軽蔑する人もいて、それこそ倫理観は様々だと思うが、「女性の人権」を踏みにじっているとまで言い出すと、下手すれば喧嘩になるだろう。

一般社会と同様、そこで働く女性らもまた様々で、客にされるがままの気の毒な女性ばかりが働いているわけではないし、職業意識の高い女性らも多い。「女性の性暴力を容認」などという決めつけは、そうした女性らにとっても心外であろうと思われる。

もっとも、慰安婦問題をそれと同列に扱うべきではない。つまり、個人的倫理観で論じるべき問題ではないと私は思う。

軍慰安所は単なる遊興施設とは異なっていた。管理責任を問うのはまだわかるとしても、制度自体は強姦防止等日本軍なりの占領地への配慮であったと客観的に評価すべきではないだろうか。

吉見氏が「性奴隷制度」とまで言うのも、元慰安婦女性らが「証言」した慰安所における苛酷な生活があったからに他ならない。

著書『従軍慰安婦』でこう述べている。

《以上のような環境のもとで、軍慰安所の女性たちは、日々、日本軍の将兵から性的奉仕を強要されつづけていた。日本軍は、このような女性を大量に抱え込みながら、彼女たちを保護するための軍法を何もつくらなかったのである。事実上の性的奴隷制である日本国内の公娼制でも、一八歳未満の女性の使役の禁止、外出・通信・面接・廃業などの自由を認めていたが、この程度の保護規定すらなかった。従軍慰安婦とは、軍のための性的奴隷以外のなにものでもなかったのである》

堂々の「慰安婦＝性奴隷」宣言。《日々、日本軍の将兵から性的奉仕を強要されつづけていた》のであればまさに性奴隷と言えようが、「日本軍の将兵」は単に客として訪れただけである。本当に慰安婦は「奴隷」と言えるのか、本章の後半と併せて考えてほしい。実は、慰安婦らを厚遇する極めて良心的な「業者」も確実に存在した。慰安婦らを奴隷のように扱った者がいたとすれば、それはあくまで悪質売春業者であったことがよくわかると思う。

日本最悪論者

昨今では慰安所が「どこの国にもあった」と発言する人が多い。日本だけがそこまで責められる筋合いはないという意図だろうが、そういう抽象的なことは迂闊に言わない方がいい。なぜなら、吉見氏らは非常に具体的な「正論」を持っていて、生半可な理屈ではとても太刀打ちできない。

共著書『ウソと真実』によれば、第二次大戦中に軍中央が公認し推進する慰安所を持っていたのは日本とナチスドイツだけ。連合国軍隊の周りにも売春宿があったことは事実だが、軍中央はそれらを軍隊が管理・統制することを決して公認しなかった。

ナチスドイツを引き合いに出す辺り日本がいかにも悪そうに思えるが、当時この二国だけが「世界」を敵に回していたのも事実で、常に敵地で戦っているからそうせざるを得なかったのではないか。さらには、第一次世界大戦で敗れたドイツは植民地を持っておらず、「植民地」から多数の女性を連れて行ったのは日本軍だけ。最終的に、日本が最も悪いという話にされてしまう。

吉見氏は「日本最悪論者」とでも言うべきではないだろうか。吉見氏の慰安婦論には、何が何でも日本が悪い、何としても日本に責任を負わせるべきという偏向的思想が色濃く反映されている。

そして、こう言って止めを刺す。

《他国にも似たものがあったからといって、それで日本軍の責任が免除される理由にはならない》

昔、同じような理屈で学校の先生に怒られたのを思い出す。

だが他国がダンマリを決め込むならまだいいとして、特に韓国は自国のことを棚に上げて誰よりも責めてくれるから極めて質が悪い。

また、慰安所公認の是非はいささか検討を要するのではないか。

吉見氏は著書『従軍慰安婦』でさらに、戦後日本政府が設置したとされる「連合国軍用慰安所（ＲＡＡ）」についても批判している。ＲＡＡは、日本の女性らに対する連合国軍兵士らによる強姦事件を警戒し、日本国政府により設置された。利用していたのは連合国軍兵士、特に米兵が大半なのであろうが、これも吉見氏にかかると、設置した日本政府が悪いという話になる。

実際、米兵らによる強姦事件は少なくなかったらしく、当時の日本政府としても苦肉の策であった。だが、吉見氏はここでも戦時中に日本軍の一部の兵士らが戦地で起こした強姦事件を引き合いに出し「日本軍ほどひどくはなかったが」と述べている。敗戦国とはいえ戦争は終わっており、当時の日本は戦地でも植民地でもない。そもそも比較の対象がおかしくはないか？　それを言うならその時代のソ連軍兵士らの強姦の酷さは世界的に有名で、ヨーロッパ戦線ではドイツ女性の半分が強姦されたという。

実は吉見氏も同書でソ連軍に言及している。

同書には「軍隊に慰安婦はつきものか——各国軍隊の場合」という項目があり、アメリカやイギリスにも軍専用売春宿設置の試みがあったこと、ドイツ軍の専用売春宿設置の実情等について述べているが、私が特に関心を持ったのが「ソ連軍の場合」であった。

軍専用売春宿を持っていたかはわからないとしながら、昭和二十年（一九四五）八月大東亜戦争終戦直前の突然の対日参戦後、ソ連兵が中国東北にいた日本女性らを強姦したことについては数多くの「証言」がある。

同書で示されたソ連兵による強姦の「証言」は具体的であった。
《奉天の居留民会会長（奉天満州車輌社長）の回想によれば、日本人酒造家の家に、白昼、三人のソ連軍兵士が侵入して、二一歳の若妻を輪姦した後、局部を酒瓶で殴りつけて殺したという》
こうした状況が一帯で続く中、「南満州鉄道撫順炭鉱」は強姦防止のため、八月中にダンスホールその他の施設を整えるとともに、市内の芸娼妓他各地から避難してきた同業の女性らを集め、ソ連軍相手の慰安施設を設置したのだという。吉見氏はそれをこう評した。
《日本人は、ソ連軍に対しても、若い女性を犠牲として提供していたことになる》
これに関しては日本国ではなく一企業がしたことで、それもRAA設置と同様苦肉の策だったと思うが、この言われ様。ここまでされても批判の対象はあくまで慰安所、そして日本なのだ。
ここで責めるべきは、兵士らの蛮行とそれに何ら対策を取った形跡が見られないソ連の「非道」ではないか？　吉見氏の感性はまったく理解できない。第一、敗戦直後の日本がそれに対し他に何ができたと言うのであろう。強姦を黙認したのでは本末転倒である。他国がどれほど悪くてもまるで関心がなく、吉見氏はあくまで旧日本軍が最悪とお考えのようだが、そんなことはない。むしろ、日本軍の方が余程占領地に配慮をしているのに、吉見氏が慰安婦制度自体を忌み嫌うお陰で「世界」にはそれが真逆に、つまり「女性の人権」を平気で踏みにじったかのように伝わっている。

日本はそんなに悪い国だったのか？

そして吉見氏は同書で問題を次のように総括した。

《まず第一に、軍隊が女性を継続的に拘束し、軍人がそうと認識しないで輪姦するという、女性に対する暴力の組織化であり、女性に対する重大な人権侵害であった。そして、公娼制度の変種であるかのごときかたちをとっていた場合でも、従軍慰安婦たちは、公娼制度のもとで認められていた廃業の自由や通信・面接の自由でさえ保障されない、まったくの無権利状態に置かれていたのであった（もっとも、公娼制度における娼妓に認められた権利を過大視することはできない。この点で慰安婦を「売春娼型」と「性奴隷型」にわける見解には同意できない）。しかし、多くの場合、料金を払うという形式をとったために、将兵はこの重大な人権侵害に気づくことが少なかった。内地の公娼を利用するのと同じ感覚で、軍慰安所に通い、意識することなく女性たちを傷つけたのである。

第二に、人種差別・民族差別であった。例外があったとはいえ、日本人慰安婦はおおむね成年の売春婦に限られていたのに対し、他のアジア人の慰安婦（植民地・占領地の女性）の大多数は未成年者であるか、成年であっても売春婦ではなかった。この背景として、日本の男性社会にアジア人女性に対する性的蔑視意識が広くあったことを見逃すわけにはいかない。すでにみてきたように、「〈中国戦線での〉朝鮮女の活躍は他を圧倒しあり、将来戦の参考たり得べし」と論じた大本営陸軍部研究班や、フィリピン戦線で強姦が多いのは「女が日本人向きなるを以てなり」とする陸軍省高官の発言などはその典型であろう。また、抑留所に収容されたオランダ人女性が強制的に慰安婦にされたという事実も、日本人女性の場合にはおこりえないという意味で、明白な差別であった。

第三に、経済的階層差別であった。慰安婦として徴集された女性たちの多くは、オランダ人女性を別にすれば、日本人、植民地の女性、占領地の女性を問わず、いずれも経済的に貧しく、学校教育を満足に受けていない女性たちであった。売春婦出身の日本人慰安婦も、家庭が経済的に困窮していたために、慰安婦となる以前に、未成年の時に親に売られ、あるいは親を救うために苦界に身を沈めていた。だまされて、あるいは強制的に慰安婦にされた植民地・占領地の女性たちの場合も、日本軍はその貧困につけこんで、「性的慰安」を強制したのである。

第四に、国際法違反行為であり、戦争犯罪であった。朝鮮・台湾、そして中国・東南アジア・太平洋地域の女性の場合、未成年者を連行したり、債務奴隷状態にしたり、だましたり、強制的に連行したりした事例、および慰安所で強制的に使役した事例がいかに多かったは、すでにみたとおりである》

少々長いが引用したのは、慰安婦問題に関心を持って私が最初に読んだ本にこの記述があったことを知ってほしかったからである。

元慰安婦女性らが強いられた苛酷な生活を思えば、これは「正論」なのだろうとは思うが、厳し過ぎてこの論理にはついて行けない。人権侵害、人種差別、民族差別、経済的階層差別、国際法違反、さらには戦争犯罪。日本人自らがここまで言い切れば、これを読んだ他国の人々から悪く思われるのは当然である。日本はそんなに悪い国だったのか？「悪」なのか？　第一、慰安所での行為に「輪姦」という表現は適切なのか？

前項のソ連軍の蛮行の例でも同様に表現していたが、輪姦とはいわゆる「集団強姦」であって、売春宿で複数の客を相手にすることを言い表すわけがなく、悪意があるとしか思えない。特に他国の人は、この表現一つで慰安所がどういう場所かを誤解するだろう（あるいはそういう意図で使っているのかも知れないが）。

また、慰安婦と売春婦が別物だと誤解されかねない言い方もしているが、先述の如く「慰安婦」は売春婦の日本軍特有の呼称であって、そうなる以前に経験者か未経験者かという問題に過ぎない。

第一の「人権侵害」はこれまで何度も出てきた話で、それについては本章の後半、第六章他で述べていく。第二の「人種差別」「民族差別」、特に未成年者に関するこの記述が、あるいは「慰安婦像」の源流かも知れない。これに関しては皮肉にも韓国の書籍・朴裕河著『帝国の慰安婦』の論説が非常に的確なので、第五章で詳述する。なお、東南アジア、さらにはオランダ女性のケースはまた趣旨が異なるので、第六章「スマラン事件」の項で別個に述べたい。

第三、第四に関しては日本軍ではなく、これこそ「業者」に対して言うべきことではないか？　第二章で述べた通り、陸軍省は各派遣軍に、悪質業者に対する注意を喚起していたはずである。そしてこれは「戦争犯罪」ではない。犯罪そのものである。

吉見氏は慰安所業者自体を「不正業」と断じ、差別のためまともな職に就けぬ朝鮮人らが仕方なく請け負ったと庇（かば）って、その中にも手段を選ばぬ悪質業者があったと区別はしない。だが、本章で後述するように、不正業といえど慰安婦らを厚遇する極めて良心的な「業者」も確実に存在した。そして悪質業者の行為は、軍が意図したところではない。

アレクシス・ダデン氏らの声明に「恐ろしい暴力」とあったが、軍が暴力で支配したわけではなく、吉見氏によれば、中には暴力を振るう悪質な「業者」や客がいた。また不正業といえど騙すことが本来の業であるはずがなく、官憲や軍の「強制連行」がなければ、元慰安婦女性らが訴える「被害」は客の暴力を除く大半が悪質業者の不法行為である。ところが吉見氏は、それらまで「広い意味での強制連行」とし、「業者」を選定したのは日本軍だからという理由で強引に責任を押しつけた。「こじつけ論法」としか思えない。

ダデン氏らが言うように、たしかに吉見氏の研究は緻密で、私自身そこから多くを学んだ半面、思い込みや憶測による見解・不適切な表現も極めて多いと感じられ、それらが事実かの如く翻訳され「世界」に曲解されたのではないか、と私は考えている。

たとえば前章で示した史料も、原文は日本人にとってさえ難解で、外国人は吉見氏の思い込みによる解釈によって判断するしかない。そしてそれは、悪く受け取られても仕方のない解釈なのである。

「慰安婦＝性奴隷」捏造裁判

平成二十五年（二〇一三）十月八日付の朝鮮日報に次の見出しの記事があった。

【「捏造と言われ名誉傷ついた」　吉見教授が法廷闘争】

吉見義明氏が日本維新の会（当時）の衆議院議員・桜内文城氏を相手に訴訟を起こし、十月七日に第一回口頭弁論が開かれていたことを韓国メディアによって知らされる。その後の調べで、日本の新聞でも七月二十六日に提訴していたことは報じられていたが、第一回口頭弁論が開かれたことを報じていたかまでは確認できていない。

記事の冒頭で、吉見氏は次のように主張したとされている。

「旧日本軍の従軍慰安婦は、既に認められている研究結果だ。これを捏造（ねつぞう）だというのは名誉毀損（きそん）だ」

《吉見教授は、第2次世界大戦当時日本軍が慰安婦を強制動員したことを立証する資料を発掘し、慰安婦の存在を認めて謝罪した河野談話（1993年）を引き出した、日本を代表する良識派だ。しかし桜内議員は「慰安婦がいたと主張するのは、日本国民に対する名誉毀損」と強弁した。桜内議員は今年5月の記者会見で、吉見教授の著書について「（内容は）捏造（ねつぞう）であるということが、いろんな証拠によって明らかとされている」と主張した。吉見教授は、桜内議員に発言の撤回を求めたが、受け入れられなかったため、1200万円の損害賠償と謝罪を求める訴えを起こした。

7日の口頭弁論で桜内議員は「吉見教授は、存在もしていなかった性奴隷についての主張を世界にまき散らし、日本と日本国民の名誉を傷つけており、受け入れられない」という主張を繰り返した。日本の極右勢力は今回の裁判を、慰安婦の存在を否定するチャンスにするため、総力戦を展開する見込みだ。これに対し吉見教授の弁護団は「従軍慰安婦」の存在が法廷で認められる、意味のある裁判になるだろう」と語った》

この記事を読む限り、桜内氏は慰安婦の存在そのものを否定しているように感じられ、それはさすがに認識不足だろうと思った。

ところが、実際の訴訟の趣旨はここで述べられているのとはいささか異なっている。桜内氏の反論の詳細が月刊誌『正論』平成二十六年（二〇一四）一月号掲載の秦郁彦氏との対談で述べられていた。桜内氏側はこの訴訟を【「慰安婦＝性奴隷」捏造裁判】と名づけている。

事の発端は平成二十五年（二〇一三）五月二十七日、桜内氏が日本維新の会代表（当時）・橋下徹氏の東京都内・日本外国特派員協会での記者会見に同席した際、司会者が吉見版『従軍慰安婦』の英訳書『Comfort Women：Sexual Slavery in the Japanese Military（慰安婦：日本軍における性奴隷）』を引用したことにあった。

当時はまさに橋下氏が慰安婦に関する発言によって叩かれていた時期で、司会者は冒頭から「It's show time!」と、あたかも橋本氏をこれから吊るし上げようと言わんばかりの小馬鹿にした物言いをしたという。しかも司会者は「橋下徹は、日本軍が強制的に女性を性奴隷（sexual slavery）にしたという韓国側の証拠に挑戦した」と紹介。さらに「慰安婦に関しては、歴史家の吉見義明のように戦争について嘘偽りなく語った多くの日本の歴史書籍がある。橋下氏は、政治目的のために歴史を書き換える必要はない」と発言する。

この司会者もまた「吉見チルドレン」だったらしい。

慰安婦は「奴隷」と言えるのか？

桜内氏によれば、橋下氏に関する報道でも慰安婦を「comfort women」ではなく、「sexual slavery」「sex slaves」、つまり「性奴隷」と英訳している英語メディアもあった。

その最たるメディアがニューヨーク・タイムズ紙だと思うが、平成二十一年（二〇〇九）一月八日付、六〇年代から八〇年代韓国の米軍基地周辺に存在した慰安所とほぼ同等の施設を告発した記事では、そこにいた女性らを「prostitute（売春婦）」と表現している（第六章で詳述）。

以前聞いた話では、慰安婦に関連する日本の書籍で英訳されているのは吉見版『従軍慰安婦』だけで、余程日本語に精通していれば別としても、一般的な外国人はこの問題に関して非常に偏った判断材料しか得ることができない。我々は当事国だから自らの考えで判断できるが、外国人は何も考えずにそれを受け入れる。

そこで桜内氏は「sexual slavery という言葉を使うのはアンフェアではないか。それから吉見さんという方の本を引用されておりましたけれども、これはすでに捏造であるということがいろんな証拠によって明らかとされております」と反論。ここで「捏造だ」と反論したのは、先の「日本軍が強制的に女性を性奴隷にした」、つまり「慰安婦＝性奴隷」という命題に対してであった。

その話を聞いた吉見氏は（その場にいたわけではない）、自著が捏造だと非難されたと捉え、名誉毀損での提訴にいたる。

つまり桜内氏は、自発的に吉見氏を誹謗中傷したわけではなく、吉見氏の著書を引き合いに出した上での司会者の挑発的言動に対し咄嗟にした反論が吉見氏の気に障って訴えられた。著書を読んでも感じるが、吉見氏は随分と思い込みが激しいようだ。

我々はこういう人物だと認識して吉見氏の論説を聞くべきである。

桜内氏は、吉見氏の著書に書かれていることのすべてや、まして慰安婦の存在そのものを否定したわけではなく、吉見氏が著書の中で（英訳書にいたってはタイトルでも）「慰安婦＝性奴隷」と断定的に述べていることに対して反論したのであって、「捏造」と言ったのは「慰安婦＝性奴隷」という点のみであることを強調した。

さらに、国際法上、奴隷であるかどうかは所有権の対象になっているかどうかで決まり、吉見氏が国際的な定義を無視して勝手な自分の定義に置き換え慰安婦を「奴隷」だと主張している、とも述べる。

秦氏によれば、もし慰安婦が国際法上日本軍の「奴隷」であるならば、日本軍の財産として他の武器などと同様に登録されているはずだが、慰安婦は日本軍の所有権の対象ではなかったので当然ながらそのような登録も名簿もない。つまり、国際条約に照らした場合、慰安婦を「奴隷」と呼ぶことはできないとのこと。

もっとも先述の如く、吉見氏もまた著書『従軍慰安婦』で国際法を引き合いに出しているので、相応の言い分があるのであろう。だが秦氏は、吉見義明編『従軍慰安婦資料集』に掲載されている慰安婦らの「証言」からも、「外出の自由」「廃業の自由」、接客を「拒否する自由」、そしてそれなりの高収入も得ていたことがわかり、こうした点からも無収入が常識の「奴隷」とは呼べない、と述べる。

「従軍売春婦」に他ならない

この「証言」が非常に興味深いので具体的に見てみたい。それは連合国軍の「日本人捕虜尋問報告第四九号」という報告書で、秦氏がクマラスワミ氏に渡したというあの資料である（第一章）。

報告書は昭和十九年（一九四四）八月十日頃、ビルマのミッチナ陥落後の掃討作戦時に捕えられた二十人の朝鮮人慰安婦と、慰安所の経営者である二名の日本の民間人の尋問から得た情報に基づき作成された。

そこにはまず連合国軍の「慰安婦」への見解が示されている。

《「慰安婦」とは、将兵のために日本軍に所属している売春婦、つまり「従軍売春婦」にほかならない。「慰安婦」という用語は、日本軍特有のものである》

慰安婦は客観的に見て「売春婦」であった。そして「慰安婦」は日本軍特有の売春婦の呼称に過ぎない。ただ、一方で「将兵のために日本軍に所属している」とされており、これをクマラスワミ氏は「日本軍と契約していた」と捉えたのかも知れないが、少なくとも秦氏は「業者」と契約したと説明している。

そして同報告書でも「徴集」についてこう書かれていた。

《一九四二年五月初旬、日本の周旋業者たちが、日本軍によって新たに征服された東南アジア諸地域における「職安役務」に就く朝鮮人女性を徴集するため、朝鮮に到着した。この「役務」の性格は明示されなかったが、それは病院にいる負傷兵を見舞い、包帯を巻いてやり、そして一般的に言えば、将兵を喜ばせることにかかわる仕事であると考えられていた。これらの周旋業者が用いる誘いのこと

ば は、多額の金銭と、家族の負債を返済する好機、それに、楽な仕事と新天地——シンガポール——における新生活という将来性であった。このような偽りの説明を信じて、多くの女性が海外勤務に応募し、二、三百円の前渡し金を受け取った。

これらの女性のうちには、「地上で最も古い職業」に以前からかかわっていた者も若干いたが、大部分は売春について無知、無教育であった。彼女たちが結んだ契約は、家族の借金返済に充てるために前渡しされた金額に応じて六ヵ月から一年にわたり、彼女たちを軍の規則と「慰安所の楼主」のための役務に束縛した》

日本の周旋業者がいわゆる「甘言」により徴集したという点では申し訳ない面もあるが、少なくとも官憲や軍が慰安婦狩り的に「強制連行」したわけではなく、いわゆる「前借金」であり、当時の「二、三百円」といえば結構な高額のはずである。とはいえ、これは騙された部類の徴集で、「被害者」らはさぞかし怯え切っていたかと思いきや、これがそうでもないらしい。

《尋問により判明したところでは、平均的な朝鮮人女性は二五歳ぐらいで、無教育、幼稚、気まぐれ、そして、わがままである。慰安婦は、日本的基準からいっても白人的基準からいっても、美人ではない。とかく自己中心的で、自分のことばかり話したがる。見知らぬ人の前では、もの静かでとりすました態度を見せるが、「女の手練手管を心得ている」》

虐げられた「生活」の中で逞しくなっていったのだろうか。とかく自己中心的で、自分のことばかり話したがる。慰安婦と言うより、朝鮮人の性格ではないのか。

良心的「業者」も確実に存在した！


それはともかく、その「生活」もそれほど悪くはなかったようだ。

《ビルマでの彼女たちの暮らしぶりは、ほかの場所と比べれば贅沢ともいえるほどであった。この点はビルマ生活二年目についてとくにいえることであった。食料・物資の配給量は多くはなかったが、欲しい物品を購入するお金はたっぷりもらっていたので、彼女たちの暮らし向きはよかった。彼女たちは、故郷から慰問袋をもらった兵士がくれるいろいろな贈り物に加えて、それを補う衣類、靴、紙巻きタバコ、化粧品を買うことができた。

彼女たちはビルマ滞在中、将兵と一緒にスポーツ行事に参加して楽しく過ごし、また、ピクニック、演芸会、夕食会に出席した。彼女たちは蓄音機をもっていたし、都会では買い物に出かけることが許された》

あくまでビルマに限定されるが、とても「奴隷」とは思えない。

だが一方で、こうも書かれている。

《多くの「楼主」は、食料、その他の物品の代金として慰安婦たちに多額の請求をしたため、彼女たちは生活困難に陥った》

どうも慰安所での処遇は「業者」によって差があったらしい。

吉見版『従軍慰安婦』に慰安婦の報酬についてこう書かれている。

《軍慰安所を利用する将兵は、通常、料金を払っている。そのため兵士は、内地や植民地の公娼を買うのと同じような気分で軍慰安所に通っていた。しかし、慰安婦の境遇は、劣悪な状況にある娼妓よりもはるかに悪かった。また、このお金が慰安婦に渡るとは限らなかったのである》

同書は先の韓国挺身隊問題対策協議会編『証言―強制連行された朝鮮人軍慰安婦たち』の証言者を例に挙げた。

《『証言』によれば、一九人の朝鮮人慰安婦のうち、料金を業者に渡したが、後で精算してもらえなかったとする者が七名、料金のことは知らないとする者が五名、料金は業者が管理していたとする者が四名で、金銭をえたとする者はたった三名しかいない》

結局、金銭トラブルは軍ではなく「業者」との間で起こっており、報酬を払わないとなるとそれは悪質業者以外の何者でもない。そして、それとは別に本項で述べた慰安婦らを厚遇する良心的な「業者」も確実に存在しており、必ずしも奴隷状態ではなかった。慰安婦の営業条件は軍によって規制され、慰安所の利用頻度の高い地域では、規則は厳格に実施されたという。

注目すべきは報告書の次の記述である。

《慰安婦は接客を断る権利を認められていた。接客拒否は、客が泥酔している場合にしばしば起こることであった》

さらには、慰安婦らの「廃業」について。

《一九四三年の後期に、軍は、借金を返済し終わった特定の慰安婦には帰国を認める旨の指示を出

した。一部の慰安婦は朝鮮に帰ることを許された》

ちなみに、ではあるが、報告書にはこんなことも書かれていた。

《慰安婦の一人によれば、平均的な日本軍人は、「慰安所」にいるところを見られるのをきまり悪がり、彼女が言うには、「慰安所が大入り満員で、並んで順番を待たなければならない場合には、たいてい恥ずかしがる」そうである。しかし、結婚申し込みの事例はたくさんあり、実際に結婚が成立した例もいくつかあった》

日本軍兵士の純情さも垣間見られる、随分と慰安所のイメージが変わる話ではないだろうか。

論評の範囲内

話を「慰安婦＝性奴隷」捏造裁判に戻そう。

そもそも双方の認識には隔たりがあったようだが、先述の如く吉見氏は日本国内の公娼制度についても「事実上の性的奴隷制」と述べていて、慰安所そのものに対して厳し過ぎるほどの嫌悪感を持っているので、以後嚙み合わない争いが続くことは間違いがなかった。

ハンギョレ新聞は序文に示した平成二十八年（二〇一六）一月八日付の吉見氏へのインタビュー記事でこの裁判に言及している。

《現在、吉見教授は、2013年5月に桜内文城・衆議院議員（当時、現日本維新の会所属）が彼の著書を〝ねつ造〟と攻撃したことに対する名誉毀損訴訟の1審判決（20日）を控えている。この訴訟は

慰安婦制度の性格に対する日本の司法判断を要請したという意味もあり、日本社会で大きな注目を浴びている》

ここにも誤解があって、おそらく日本国内ではこういう訴訟が起こされていたこと自体を知る人が少ない。第一、裁判所に「慰安婦制度の性格に対する日本の司法判断を要請」するのは誤りだと思う。あまり報道もされておらず、私もその後の経過を知らなかったのだが、裁判は提訴から二年半もの長きに亘って継続しており、奇しくもこの記事、すなわち韓国メディアに判決の日を教えられた。

最近知ったが、秦郁彦氏も証人として出廷したらしい。

平成二十八年（二〇一六）一月二十日、東京地裁は吉見氏の請求を棄却している。

私はこの日に判決が出ることを知っていたので、まずはその結果が知りたく、夕方には報じられるだろうと思いネット上で盛んに検索していたが、なかなかそれを見つけることができなかった。奇しくもこの日は、やはり慰安婦問題の記述が問題となって韓国で在宅起訴された『帝国の慰安婦』著者・朴裕河氏（第五章で詳述）の初公判が開かれていたのである。このニュースが夕方には新聞・テレビで早々と、かつ大々的に報じられたのに対し、吉見氏の判決はその後に報じられてはいたが限定的であった。

私には父の死に伴って医療過誤の訴訟を起こし、なおかつ敗訴した経験があり、司法の判断が必ずしも正しいとは思っていない。だが先述の如く、そもそも吉見氏の提訴自体が誤解に基づいているので、吉見氏には申し訳ないが結果は仕方がないと思う。仮に賠償命令が出ていたら、私は東京地裁の見識を疑ったし、逆に韓国メディアはそれを新たな後ろ盾としたであろう。

朝日新聞同年一月二十一日付記事によれば、東京地裁は桜内氏の言動を「論評の範囲内」と判断した。裁判では「慰安婦が性奴隷だったか」も争われ、東京地裁はやはり「評価の問題」としてその判断をしなかったとのことだが、そもそも裁判所はそれを判断する立場にはないし、そういう判断を裁判所に求めるべきでもない。ちなみに、同記事を読む限り、朝日新聞もまた桜内氏が吉見氏の著書そのものを捏造だと言ったかのように解釈していた。

奇妙な慰安婦判決？

韓国メディアはいかなる反応を示したか。この結果ゆえ、朝鮮日報は翌日に結果だけを淡々と伝えたが、ハンギョレ新聞は当日、平成二十八年（二〇一六）一月二十日付記事で思い入れたっぷりにこう報じている。

【日本の法廷の奇妙な慰安婦判決　吉見義明教授敗訴】

同記事によれば、当日は百人もの支援者が東京地裁前に集まり、「不当な判決を許さない」「吉見教授の名誉を守ろう」と叫んだ。

《裁判が大きな注目を集めたのは、現在の慰安婦問題をめぐる最大の争点である「慰安婦制度は性奴隷制度だったのか」について、日本司法の判断が下されるものと期待していたからだった》

「南京大虐殺」関連の名誉毀損訴訟は少なくないが、特に肯定派が勝訴すると、司法が「大虐殺」を認めた！　と大騒ぎする。

それだけに、この結果に関しては弁護士が不満を漏らした。

《川上詩朗弁護士は「慰安婦制度が性奴隷制であったかについては判断を避けた、非常に形式的な判決だ」と批判した》

法の専門家たる弁護士がこういう認識違いをしているから、ハンギョレ新聞がこの判決を「奇妙」と感じるのも無理はない。

繰り返すが、裁判所はそんな判断をする立場にはないのだ。

《吉見教授は判決後開かれた報告大会で「判決は非常に残念で憤りを憶えるものだった。一人の研究者にとって、研究結果が『捏造』と言われるのがどれほど個人の名誉を毀損し、人格を傷つけるものなのかを、裁判所が理解していなかった」と述べた。吉見教授は判決に不服として控訴する予定だ》

同記事はこう締め括っており、敗訴の無念だけは痛いほどわかった。

中央日報同年一月二十一日付記事も不満を露にする。

【日本裁判所「慰安婦が性奴隷かどうか、事実ではなく論評の問題」】

同記事は提訴までの経過を説明した上でこう述べた。

《しかし東京地裁は20日、吉見教授の敗訴判決を出した。裁判所は判決文で「従軍慰安婦が性奴隷だったかどうかは事実そのものではなく、そう評価するかどうかの問題であり、事実について使う『ねつ造』という言葉は合わない」と明らかにした。

この問題は真偽を分けることができるものではなく論評の域だとみて、韓国と日本の間で議論され

たテーマに対する判断をさけたのだ》

やはり、裁判所にその種の判断を期待していたらしい。報道のみでは判決の趣旨が理解し切れない面がある。偶然ながら、ネット上で判決文を入手できた。

原告側（吉見氏側）の弁護団に渡邊春己氏、被告側（桜内氏側）には高池勝彦氏と、かつて「南京大虐殺」関連の訴訟でたびたび登場した弁護士が名を連ね、この裁判がその延長上にあることがわかる。東京地裁は桜内氏の発言を、その文脈から吉見氏の著書自体ではなくその中の「慰安婦＝性奴隷」記述の否定と解釈した。ただし、メディアが報じたように、「論評の範囲内」だから名誉毀損に当たらない、と言っているのではない。

判決文は桜内氏の「捏造」という論評を、吉見氏の「社会的評価を低下させる名誉毀損に該当するといえる」と認定している。これが名誉毀損に該当するなら、日本国を貶めた上にそれを曲解した国際社会から非難を受ける実害まで与えた吉見氏の論評の方が余程名誉を毀損しているのではないか、と個人的には思った。

それはともかく、提訴から一審判決までの二年半という期間を考えても、吉見氏の訴えがまったく相手にされなかったわけではない。

だが、桜内氏の行為の目的が専ら公益を図ることにあり、論評の前提事実（吉見氏の著書に「慰安婦＝性奴隷」旨の記述があること）が真実であると見なされ、その場合「人身攻撃に及ぶなど意見ないし論評の域を逸脱したものではない限り、その行為は違法性を欠くものと解するのが相当」という考え方に基づき、「意見ないし論評の域を逸脱したものということはできない」との判断で「本件発言は違法性が阻却されるから」桜内氏は免責されることとなった。「慰安婦が性奴隷だったか」についてはこの判断の後「その余の点を検討するまでもなく」として争点にすらなっていない。

仮に東京地裁がそれを判断したとして、「慰安婦は性奴隷ではない」と認定したとしても、私はその行為を批判するであろう。それこそが司法の権限の「逸脱」ではないだろうか。今回の判断は「権限の範囲内」で行われたと思う。

ちなみに、私自身の医療過誤訴訟の判決文にも「その余の点を検討するまでもなく」旨が書かれていて、裁判所は医療者側の過失の有無だけを争点とし（私自身は過失があったと思っているが）、肝心の「救命可能性」を判断してくれなかった。とはいえ、判決文を読む限りそれが判断できる能力が裁判所にあったとも思えないし、それは歴史問題に関しても同様である。裁判所の判断などその程度だと思った方がいい。

朝鮮日報の「虚報」

結果はともかく、問題は朝鮮日報の当初の「虚報」である。吉見氏自身にも誤解があると思うのでその点を誤るのは仕方ないとしても、「日本軍が慰安婦を強制動員したことを立証する資料を発掘」「慰安婦の存在を認めて謝罪した河野談話」「日本を代表する良識派」と、朝鮮日報側の根本的な認識に違和感を覚えずにはいられない。

これまで見てきたように、吉見氏が発掘した史料は「軍の関与」は認められても「強制連行」を立証するものではなかった。

河野談話以前に慰安婦の存在を否定していたわけでもない。吉見氏を「良識派」と呼ぶならば、反対派には「良識」がないのか？　彼らにとっては自分たちこそが正義で、認めない者は「悪」なのだ。

何より桜内氏の主張について、「慰安婦がいたと主張するのは、日本国民に対する名誉毀損」「吉見教授は、存在もしていなかった性奴隷についての主張を世界にまき散らし、日本と日本国民の名誉を傷つけており、受け入れられない」、さらには《日本の極右勢力は今回の裁判を、慰安婦の存在を否定するチャンスにするため、総力戦を展開する見込みだ》と、まるで日本側がいまだに慰安婦の存在自体を認めていないかのような「論点すり替え」報道をしている。こんな調子なので、河野談話を見直すと言えば、日本は慰安婦の存在すら否定し責任をすべて放棄した、と勝手に言い出すであろう。

繰り返すが、吉見氏らと韓国側の主張は理屈が異なっている。というより、韓国側にははなから理屈などない。

吉見氏はいわゆる「広い意味での強制連行」の概念を持ち込んだだけでなく、話を東南アジア・太平洋地域にまで広げ、さらには女性の人権問題にまで踏み込んでいる。もちろん、そうした問題に韓国側も乗っかってはいるが、元々は韓国との二国間の争いなのであって、韓国側が求めていたのはまず「強制連行」を認めることであった。

そして、先の記事からもわかるように、韓国側はそれが吉見氏により立証されたと確信していて、現在も「強制連行」を大前提としている。反証されても聞く耳など持たない。「妄言」の一言で片づける。

何でも日本のせいにする韓国と、何でも日本が悪いと考えやたらと謝りたがる国家補償論者らの共通の敵は、言うまでもなく日本。こうして、ダブルスタンダードが存在しているにも拘らず、互いに批判し合うことはなく、むしろ国家補償論者らが聞く耳を持たない韓国側の主張を補う形で共闘しているから非常に厄介なのである。「強制連行」だけを問題にするのはおかしいと吉見氏は言っていた。日本側が「強制連行」にこだわるのではなく、韓国側がそれを大前提に話を進めるから反論をしている。こだわるなと言うなら、それはまず韓国に向かって言ってくれ！

迂闊に謝れば「強制連行」を認めたことにされるのは河野談話で実証済み。だからこの件に関しては極力謝るべきではない。謝って水に流すのは日本人だけで、韓国は次の要求をしてくるだろう。「強制連行」も元々は女子挺身隊＝慰安婦という韓国側の根本的な誤りから始まっているのだから、その点は譲歩すべきではないか？

ところがすでに信憑性がまったくない吉田証言、二転三転した元慰安婦女性らの「証言」、「強制連行」を認めて謝罪したと思い込んでいる河野談話を根拠に、日本国が一切の責任を放棄したかのような虚偽を、事情がわからない、わかろうともしない国連や欧米の第三国に吹聴し、国連や第三国もまた事情がわからないままそれを真に受けて口を挟み、また一から責められるという悪循環が繰り返される。そうした大きな勢力を韓国側や日本国内の国家補償論者らが後ろ盾にしてしまうから、本当に質（たち）が悪い。

第四章　誇張される「証言」

安倍首相に噛みついた韓国系青年

平成二十七年（二〇一五）、安倍晋三首相は四月下旬から翌五月初旬にかけ訪米し、戦後七十年間で初めて米議会上下両院合同会議で演説を行うなど様々な意味で国内外の話題となった。その早々に行ったのがハーバード大学での講演である。

朝鮮日報は同年四月二十九日付でこれを大きく取り上げた。

【慰安婦：韓国系米大学生、安倍首相に挑発的質問するも…】

《「挑発的な（provocative）質問になったら申し訳ありません。しかし、韓国と関係がある私としてはとても胸が痛み、慰安婦問題について質問せずにはいられません」

6泊7日の日程で訪米中の安倍晋三首相にとって最初の公開行事だった27日のハーバード大学ケネディ行政大学院（ケネディスクール）講演。安倍首相は約9分間という短い講演で、慰安婦問題をはじめとする歴史問題について一言も言及しなかった。安倍首相の講演は日米同盟強化とアベノミクス（同首相の経済政策）に焦点が当てられた。

講演後の質疑応答で、同大学の学生たちも日米間のエネルギー協力や東アジア地域紛争緩和のための日本政府の努力など、日本に友好的な質問をした。埋もれてしまうところだった慰安婦問題を取り上げたのは4人目の質問者として立った韓国系のジョセフ・チェ（韓国名：チェ・ミヌ）さん（20）だった。ハーバード大学のロゴ入りトレーナーを来たチェさんは、丁寧で落ち着いた口調で「旧日本軍と政府が慰安婦連行に関与したという強力な証拠があるのにもかかわらず、なぜ日本政府は慰安婦数十万人を強制的に連行した事実を今も認めないのですか」と質問した。チェさんは安倍首相の前で「性奴隷」(sexual slavery)という直接的な表現を使った。今回の訪米期間中に歴史認識問題が取りざたされることを望んでいなかった安倍首相に対し、回答せざるを得ない状況を作ったのだ。

安倍首相は「慰安婦問題について言えば、人身売買の犠牲になり、形容しがたい苦しみや痛みを経験した方々のことを考えるたびに、私は心が痛む」と遺憾の意を表明したが、人身売買の主体が誰だったかは言及しなかった。慰安婦問題に対する謝罪やおわびの表現もなかった》

この記事に対して言いたいことが、大きく分けて二つある。

一つ目は、朝鮮日報の独善性。

まず、講演にはそれなりのテーマがあったであろう。アメリカのハーバード大学という場所、他の学生らの質問から考え、日米関係や経済問題といったところではないだろうか。さらには九分間という短い時間で、なぜ歴史問題に、まして慰安婦問題に言及しなければならないのか。何より公に「強制連行」を否定しているので、ここで謝罪などするわけがない。安倍首相は行く先々で常に慰安婦問題を語り、謝罪しなければならないのか？　すべてをそこに帰結させるのは大きな間違いだ！

「軍の関与」＝「強制連行」という誤解

二つ目は、質問した学生の認識である。

この状況でのこの質問。純朴な二十歳の若者、かつ直情型の韓国系だからこそ成せる業といったところか。場違いとは思うが、質問したこと自体が悪いとは言わない。

ただ、これは韓国人全体に言うべきことかも知れないが、「旧日本軍と政府が慰安婦連行に関与したという強力な証拠」を一体どういうものだと認識しているのか。それこそ朝鮮日報の論調から察するに、その証拠は平成四年（一九九二）に吉見義明氏が発見したとされるもので、それにより「強制連行」が証明されたと思い込んでいるらしい。つまり、彼らにとっては「軍の関与」＝「強制連行」で、その証拠があるにも拘らず日本がそれを認めないと決めつけているのであろう。

だが、吉見氏が発見したのはあくまで日本軍が慰安所の運営に「関与」した証拠で、「強制連行」の証拠ではない（第二章で既述）。それが確認できなかったことは吉見氏も認めている。これまた吉見氏が「軍の関与」「性奴隷」を強調して批判したことが曲解され、「強制連行」の証明と受け止められているのではないか。

当初、韓国側が「強制連行」の根拠とした元日本兵・吉田清治氏の「証言」は、朝日新聞がそれを取り上げた当時の記事を誤報と認め、信憑性がないということで決着した（第七章で詳述）。だから日本政府は「強制連行」を認めていない。

あるいは日本軍による強制売春が指摘される、昭和十九年（一九四四）インドネシアでの「スマラン事件」の話をしているのか？　これは日本側が違法行為と認めて首謀者が軍事法廷で死刑になった事例であり、朝鮮半島で「二十万人」の「強制連行」が公然と行われたことを証明するものではない（第七章で詳述）。

それを韓国側にどれだけ説明してもわかってもらえないし、おそらく安倍首相がこの場でこの学生に説明しても同じであろう。こういう思い込みで来られると、何を言おうが通じない。

同記事はこの学生の見解を示した。

《チェさんはこの講演後、本紙のインタビューに「昨日（26日）、元慰安婦の李容洙（イ・ヨンス）さん（86）がハーバード大学の学生との懇談会でつらい経験を証言、涙したのを見てとても心が痛んだ」「朝早くケネディスクールの前でほかの学生約100人と『反安倍』沈黙デモに参加した後、慰安婦に関する質問をするためわざわざ講演会場に入った」と言った。

安倍首相の回答についてチェさんは「もともと安倍首相が歴史問題で謝罪することを期待してはいなかったが、日本が女性の人権のため努力していると強調したのはあまりにも失望した。慰安婦問題は単なる韓日間の問題ではなく、普遍的な女性の人権侵害問題だ。歴史認識問題を否定する日本がなぜ女性の人権を口にできるのか。慰安婦問題は米国の学生の間であまり知られていないが、これを知った学生は人種や性別に関係なくみんな激怒する。ハーバード大生に慰安婦問題を広く伝えるため、さらに努力していく」と言った》

正確には韓国系二世とのことだが、いかにも韓国人らしい独善的な物言いである。同記事ではこの青年がいかに優秀で才能豊かであるかを述べているが、だから何だ！　こんな思いつきの行動に呼応して簡単に謝罪できるはずがない。

こういう人物が、大して関心がないであろうアメリカの若者にこの話を吹聴し、謂れのない日本の悪評を拡散させていく。

天下のハーバード大学の学生であることを考えると、将来的には過激なまでの「反日」活動で知られる、アメリカ民主党の下院議員であるマイク・ホンダ氏のような政治家にでもなるのだろうか。

そして、これはこの青年に限った認識ではなく、むしろこれぞ「世界」の認識の象徴なのである。

元慰安婦女性の強弁

ジョセフ・チェ青年が心を動かされたという元慰安婦女性の講演については朝鮮日報二〇一五年四月二十八日付記事が報じた。

【安倍訪米：安倍首相、謝罪はせずに解決努力をアピール】

安倍首相の講演の前日、同じハーバード大学で講壇に立っていたと言うのだから、言っては悪いが実に当てつけがましい。八十六歳だというこの女性が自ら大学に働きかけたわけではないだろうから、何らかの組織の後ろ盾があるのであろう。

他メディアで見た写真によれば、女性は足が不自由らしく、車椅子に乗りその横にはあのマイク・ホンダ氏らが立っていた。どの記事も普段どこに住んでいるのか明確には述べていないが、どうやら韓国在住らしい。慰安婦問題を世間に訴えるためとはいえ、足の不自由な高齢者に長距離の移動を強いる方が余程酷なのではないか。おそらくは、慰安婦女性らの高齢化をアピールする演出なのであろう。

記事は次のように報じた。たしかにそれは聞くも無残な話である。
《「満16歳の時に英語も分からないまま日本軍に連行されていったのが台湾にある日本軍の神風部隊だった。そこで、日本軍兵士の部屋に入らないと言って殴られ、電気拷問まで受けた。拷問の後遺症で今も幻聴・幻覚に悩まされ、ろくに眠れない。このように歴史の生き証人がいるのにもかかわらず、日本の安倍首相はうそをつき続けている」

訪米中の安倍首相が訪れた場所で、元従軍慰安婦の李容洙（イ・ヨンス）さん（86）がハーバード大学の学生や世界各国のメディアに対し日本の慰安婦犯罪を告発した。李容洙さんは安倍首相がハーバード大学で講演する26日午後、同大学のフォン（Fong）講堂で同大学生70人と1時間半にわたり懇談し、自ら経験した慰安婦の惨状について証言した。

李容洙さんが同大学を訪れ学生たちと会ったのはこれが2回目だ。李容洙さんは安倍首相が第1次内閣だった2007年4月、ジョージ・W・ブッシュ米大統領と首脳会談をするために訪米した時も「慰安婦の実状」をテーマに同大学の学生たちの前で講演した。8年ぶりにハーバード大学を訪れた李容洙さんは「安倍首相は何一つ変わっていない。むしろ慰安婦が売春婦だったと罵倒（ばとう）する日本の極右勢力の歴史歪曲（わいきょく）を主導している」と言った。

李容洙さんがおぞましくつらい経験を淡々と語ると、懇談会場は静まり返った。「慰安所に連れて行かれる船の中で、日本軍兵士により強姦（ごうかん）されて処女を失った。ショックを受けて死にたいと思ったが、死ぬ勇気はとてもなかった。慰安所で拷問を受けた後は、殴られないようにされるがままにしなければならなかった」

「自分がなぜ慰安婦と呼ばれなければならないのか」と言った時、李容洙さんの声は震えていた。「私には両親がつけた李容洙という名前がある。しかし、日本軍のせいで『李容洙』ではなく『慰安婦』として結婚もできないまま一生、一人で生きなければならなかった」と語った。ハーバード大学4年生のクローディン・チョさん(22)は「女性として経験してはならない非人間的な苦痛を味わってきた李容洙さんの言葉に涙があふれ、質問しようという気持ちがわいてこなかった」と言った》

この李容洙さんの体験を否定はしない。体験自体は事実であろう。それこそ「性奴隷」とも言うべきかも知れないし、チェ青年のような正義感の強い若者を動かすには十分な説得力がある。チェ青年はこの李容洙さんの話を聞き、李さんが涙したのを見てとても心が痛み、翌朝早くケネディスクールの前で他の学生約百人と「反安倍」沈黙デモに参加した後、慰安婦に関する質問をするためわざわざ講演会場に入ったとのことであった。

その「沈黙デモ」について同記事がこう伝えている。

《安倍首相のハーバード大学講演が行われた27日午前、李容洙さんは講演会場だったケネディスクール前で、日本による慰安婦犯罪への公式謝罪と被害者補償を求める沈黙デモを行った。前日に李容洙さんの講演を聞いた同大学生や韓国系団体関係者がデモに参加した。李容洙さんはAP通信をはじめ安倍首相の講演を取材に来た世界各国のメディアに向かって「安倍首相が歴史に対して本当にやましいところがないなら、被害者である私にまず会わなければならない。死ぬ前に日本政府の正式な謝罪

を受けるのが望みだ」と言った》

チェ青年が慰安婦問題についてどこまで学んでいたかは不明だが、おそらくアメリカで得られる情報は「慰安婦＝性奴隷」説に偏っている上、当日は相当に感情が昂っていたに違いない。

私は歴史の生き証人だ！

その李容洙さんに面と向かって反論した人がいた。

朝鮮日報二〇一五年九月二十一日付記事が次のように報じている。

【日系人の妄言に元慰安婦激怒「あんなやつらは無視すべき」】

《「あんたは見たのかい！私は歴史の生き証人だ。誰にそんなうそをつくんだい！うそをついているのは日本だよ！」

元従軍慰安婦の李容洙（イ・ヨンス）さん（87）が激しく叱責（しっせき）した。17日、米カリフォルニア州サンフランシスコ市役所で行われた慰安婦碑設置決議関連公聴会で、李容洙さんは妄言を並べたてた日系人を怒鳴りつけた》

あの李容洙さんを相手に、日系人がどんな無礼を働いたのか。

ただ、韓国メディアが「妄言」と言う時は、一般的にはともかく少なくとも私個人が思う「正論」である場合が多い。

しかも、舞台は米カリフォルニア州サンフランシスコ市役所で行われた「慰安婦碑設置決議関連公聴会」だという。そもそも何という話し合いをしているのか。

それにしても、李容洙さんの渡米は私が知る限りこの年二回目で、高齢の上足が不自由だというのによく引っ張り出される。

《李容洙さんは「罪を憎んで人を憎まず。日本は韓国の隣国だ。これからも仲良くしていくことを願っている。この世を去る日まで、世界の女性の人権のため戦う」と言って拍手を浴びた。

続いて、各コミュニティーの住民による自由な発言が始まった。この時、慰安婦像の設置に反対する日系人が1冊の本を手に「この本に李容洙さんは『自分は子どものころ、慰安婦募集館に友達と一緒に行った』と言ったと書かれている」と発言、李さんが売春婦で、うそをついていると指摘すると、会場内には大きなざわめきが起こった。

通訳を通じて発言を聞いた李容洙さんは、立ち上がって「あんたは見たのかい！私は歴史の生き証人だ。誰にそんな嘘をつくんだい！ずっとうそをついているのは日本だよ！」と叫んだ。問題の発言をした人物は、同州グレンデール市の慰安婦像撤去訴訟を起こした南カリフォルニア在住の目良（めら）浩一元ハーバード大学助教授（80）であることが分かった。

その後も日系人らが「従軍慰安婦は日本だけのことではない」「慰安婦として強制動員されたという証拠が不十分だ」「日本人に対する逆差別的な像になる」などと次々と慰安婦像設置の中止を求めた。この日通訳を務めた「加州韓米フォーラム」のキム・ヒョンジュン事務局長は「ずうずうしい顔であした主張をする日系人があと数人いたが、李容洙さんは『あんなやつらは無視すべきだ』と言って、

毅然（きぜん）とした態度で座っていた」と語った》

「日系人」と言っても、目良氏はマイク・ホンダ氏のようにアメリカで生まれ育った人ではなくアメリカ国籍か定かではないが、地元在住でもあり、それを不快に感じているのは間違いない。

平成二十五年（二〇一三）七月には同じくカリフォルニア州グレンデール市に慰安婦像が設置されたが、その撤去を求めて訴訟を起こした原告の一人で、「歴史の真実を求める世界連合会（GAHT）」代表でもある。

「罪を憎んで人を憎まず。日本は韓国の隣国だ。これからも仲良くしていくことを願っている」

　随分と一方的な言い分だ。これで仲良くできるわけがない。

　資料を根拠に意見を述べた目良氏に対し、李容洙さんはただ単に恫喝しているだけ。朝鮮日報も「妄言」の一言で片づけた。要するにこれが、国際社会での慰安婦問題の縮図である。

　日本側が何を言おうが聞いてもらえない。その後、聯合ニュースは同年九月二十四日付記事で、サンフランシスコ市議会が慰安婦像設置を求める決議を全会一致で採択したことを前提にこう報じた。

《韓国外交部の魯光鎰（ノ・グァンイル）報道官は24日の定例会見で、米サンフランシスコの市議会が旧日本軍の慰安婦を象徴する碑の設置を促す決議を採択したことに関し、「慰安婦問題が戦時の女性人権、普遍的な人権問題ということについて米国内で幅広く共感を呼んでいることを示す」として、「こうした認識が広がっている」と評価した》

　アメリカ人の大半はこの程度の認識なのかも知れない。

過去の「証言」との矛盾

慰安所を「性奴隷強制収容所」と誤認しているであろうアメリカ人の学生らは先の話を聞いて、日本軍は拷問までして性奉仕を強要したのか、と考えたのではないかと思う。

ただ、あれは慰安婦の「普遍的」な体験なのか?

まず、戦地での強姦は許されざる行為ではあるが、自らそれを行ったと得意気に語る、年ばかり取っていてモラルのない元兵士らもいるので、慰安婦ならずともそうした被害はあったであろう。だが、当然ながら、それは日本軍の指示でした行為ではない。そういう悪い日本兵もいた、ということになるだろう。

さらに「電気拷問」となると、酷いとしか言い様がないし、そんな悪い日本兵がいたことを非常に申し訳なく思うが、逆にそれは日常的に行われていたのだろうか。吉見義明氏は著書『従軍慰安婦』第Ⅳ章において「慰安婦たちが強いられた生活」について述べているが、それは労働環境的な問題で、そこまで酷い話はない。また、これによって「強制連行」を認めろと言うのは筋が違う。

実は、李容洙さんは平成五年(一九九三)刊の韓国挺身隊問題対策協議会編『証言―強制連行された朝鮮人軍慰安婦たち』において証言者十九人の中の一人として「証言」をしていた。

【くやしい!　私の青春を返して】

まずは李容洙さんの経歴から。

《一九二八年大邱生まれ。貧困家庭の一人娘(男兄弟の中の娘ひとり)で達城普通学校に入学にしたが、家庭の事情が許さず一年も通えなかった。他家の乳母をしている母親の代わりに弟の世話をしたり、製綿工場で働いた。日本人の口車に乗せられて友達と一緒に台湾の軍慰安所に連れて行かれた》

家族は祖母と両親に兄一人、弟四人の九人家族で、弟達の面倒を見る他、九歳から十三歳まで製綿工場で働いたという。

徴募された経緯については非常に具体的に示されていた。

《一九四四年、私が満十六歳の秋のことです。

その頃、私の父は倉に米をかついで運ぶ雑役夫の仕事をしていました。私とおない年の友達の中に金プンスンという子がいましたが、その子の母親は飲み屋をしていました。

ある日私がその子の家に遊びに行くと、おばさんが「お前は履物ひとつ満足に履けなくてなんというざまだ。いいかい、お前もうちのプンスンと一緒にあのなんとかというところに行くといいよ。そこに行けばなんでもあるらしいから。ご飯もおなか一杯食べられるし、お前の家族の面倒もみてくれるって話だよ」と言いました。

当時、私の着ていたものといったらみすぼらしくて話にもなりませんでした。それから幾日かたったある日、プンスンと川辺で貝をとっていたら、向こうの土手の上に見たことのない老人と日本人の男が立っているのが見えました。老人が私たちの方を指さすと、男の人は私たちの方へ降りて来ました。老人はすぐに何処かに行ってしまい、男の人が私たちに手真似で行こうという仕種をしました。私は怖くなりましたが、プンスンは知らんぷりして反対の方に逃げました。

それから何日かたったある日の明け方、プンスンが私の家の窓をたたきながら「そうっと出ておいで」と小声で言いました。私は足音をしのばせてそろそろとプンスンが言う通りに出て行きました。母にも何も言わないで、そのままプンスンの後について行きました。私はその時家で着ていた黒いトンチマ［丈の短い筒型のスカート］にボタンのついた長い綿のチョッサム［単衣の上衣］を着て下駄をつっかけていました。行ってみると川のほとりで見かけた日本人の男の人が立っていました。その男の人は四十歳ちょっと前ぐらいに見えました。国民服に戦闘帽をかぶっていました。その人は私に服の包みを渡しながら、中にワンピースと革靴が入っていると言いました。包みをそうっと開けてみると、ほんとうに赤いワンピースと革靴が入っていました。それをもらって、幼心にどんなに嬉しかったかわかりません。もう他のことは考えもしないで即座についていくことにしました。私を入れて娘たちが全部で五人いました》

いわゆる「甘言」による勧誘で、吉見義明式論理では「広い意味での強制連行」になるだろうが、私はそうは思わない。先に「日本人の口車に乗せられて」と言われていたが、おそらく朝鮮人である友達の母親や見知らぬ老人の仲介があったし、李容洙さんを巻き込んだ友達のプンスンにいたっては自らの母親に売られたと考えられる。少なくとも日本軍による「強制連行」とは言えない。ハーバード大学でそうした事情は語られたのだろうか。

連れ出したのは悪質業者

それはともかく、「国民服に戦闘帽」の日本人は何者であろう。

その後この男に引率され、李容洙さんらは台湾へと向かう。

《大邱から私たちを引率して行った日本人の男は、娘たちに気に入らないことがあれば誰彼かまわず罰を与えました。水を一杯入れた一升びんを両手に持って棒の上に立たされたり、砧打ちの棒で手の甲や足の甲をぶたれたり、水を汲んで来いと言われて少しでも遅れるとひどくぶたれました。ちょっとしたことでもすぐ叩くので、私はそれが怖くて叩かれないようにしようと、その男の顔色をうかがいながら行動しました》

李容洙さんらが乗せられた、大連から出航した大きな船には「日本の海軍の兵士たち」が同乗（海軍の兵士らが一般の客船に乗ることがあったのかわからないが、日本兵には間違いないらしい）。そこで先の強姦事件が起こった。友達のプンスンら他の娘たちも同様の被害を受けたとのことで、これに関しては本当に申し訳なく思う。

そんなことがありながら、一行はどうにか台湾に辿り着いた。

《大邱から私たちを連れて来た男が慰安所の経営者でした。私たちはその男を「オヤジ」と呼びました。娘たちの中で私が一番年下でした。プンスンは私より一歳年上でしたし、他の人は十八歳、十九歳、二十歳といったところでした。

部屋に入れと言われましたが、入るまいと突っぱねたら、経営者が私の束ねた髪の毛をつかんで、ひとつの部屋にひっぱって行きました。その部屋で電気拷問を受けたのです。経営者は本当にひどい人でした。電気コードを引き抜いてその線で手首、足首をくくられました。それから「この野郎」と言いながら電話機のダイヤルをやたらめったら回しました。目からピカッと火が出て全身がわなわなと震えました。とても我慢できなくて「なんでも言う通りにします」と、泣き叫びながら両手を合わせてただただ拝みました。そして再びダイヤルを回された時、私はもうそれ以上耐えられなくて、そのまま気を失ってしまいました。目が覚めてみると、水をかけられたのか全身がぐっしょり濡れていました》

先の朝鮮日報記事における李容洙さんの「証言」は次の通り。

《満16歳の時に英語も分からないまま日本軍に連行されていったのが台湾にある日本軍の神風部隊だった。そこで、日本軍兵士の部屋に入らないと言って殴られ、電気拷問まで受けた》

ここから私は、李容洙さんが軍に慰問にでも行かされ、軍人から暴行を受けたものと思い込んでいたのだが、実は「電気拷問」は慰安所、すなわち売春宿の経営者によって行われたようだ。着いて初めて自分が売春宿で働かされるとわかり、入るのを拒んだら暴行を受けた、ということではないか。「証言」はこう続いた。

《私は今でもたいへんな怖がりですが、あの頃はもっとひどくて、経営者にぶたれるのではないかといつも身をちぢこませていました。軍人たちに殴られたことはありませんが、経営者にはたくさんぶたれました。怖くて逃げ出そうなんて考えもしませんでした。広い広い大海を船に乗って越えて、東西南北どこがどこやら何もわからないのに、逃げ出す方法など考えられますか》

「軍人たちに殴られたことはありませんが」という「証言」がここにある。経営者が日本人であったことは申し訳ないが、これもまた要するに悪質業者の不法行為に他ならない。そして李容洙さんは、不本意ながらもそこで慰安婦、すなわち売春婦として働かされ、客として訪れたのが主に特攻隊員の若い兵士らであった。

李容洙さんら慰安婦を「性奴隷」と呼ぶならば、そのように扱ったのは日本軍ではなく、あくまで悪質売春業者である。

明らかに誇張がある！

李容洙さんは「安倍首相は何一つ変わっていない。むしろ慰安婦が売春婦だったと罵倒（ばとう）する日本の極右勢力の歴史歪曲（わいきょく）を主導している」と述べた。その一方、「自分がなぜ慰安婦と呼ばれなければならないのか」とも言っている。つまり、「慰安婦＝売春婦」と扱われることも、自分が「慰安婦」と呼ばれることも不本意だということだ。

「日本軍のせいで『李容洙』ではなく『慰安婦』として結婚もできないまま一生、一人で生きなければならなかった」とはどういうことなのだろう。おそらく終戦当時十七歳、慰安婦であった時期は一年にも満たないと思われるので、その後の人生の方がはるかに長い。

実は、李容洙さんはそれについても語っている。

終戦に伴い、李容洙さんはどうにか故郷へと戻った。

《私には嫁に行くなど考えもおよばないことでした。良心があったら嫁になど行けるはずがないでしょう。性病のために苦しい思いをしていたほどなのです。けれども、家族は私がどこで何をされて帰って来たのか知りませんでした。父は一人娘が嫁にも行けないと嘆き悲しんでいました。両親は亡くなるまで、一人娘を嫁にもやらないままでこの世を去るのかと非常に悲しみました。
大邱の香村洞でおでんを売る飲み屋で長い間働いていました。蔚山の海水浴場で三年ほど商売もしました。また屋台の商売もしました。何年か前からは保険勧誘員をしていましたが、最近は年をとったのでやめました。
両親が亡くなり、ほんとうのことを知らない弟たちは、年とった姉の一人暮らしをとても心配してくれました。まわりからも一人身でいることに対してあれこれ言われました。それがとてもわずらわしくもあり、私も女に生まれて面紗布［新婦が顔を覆う薄くすきとおった紗の布］を一度もまとうことなく死ぬのかと思うと寂しい気もしたので、還暦を迎えた一九八九年一月に七十五歳の老人と結婚しました。男というものに嫌悪感があってわざと年寄りを選んだわけです。ところが疑い深く、殴る蹴るがひどい男で、結局失敗に終わりました。今年二月に離婚し、今は大邱で一人暮らしをしています。保証金なしで十カ月に九十万ウォンずつ支払う一間住まいです。二坪半ほどの部屋に台所がついているだけです。弟たちが毎月少しずつ生活費を出してくれるので、それで暮らしています》
細かい指摘は避けるが、「日本軍のせいで『李容洙』ではなく『慰安婦』として結婚もできないまま一生、一人で生きなければならなかった」は明らかに誇張があるのではないだろうか。

そして、これによって日本国が、第三国であるアメリカの事情がわからない人々の前で非難されていることに疑問を感じざるを得ない。

日本軍が入って来て連れていった？

韓国の書籍で世宗大学教授・朴裕河氏の著書『帝国の慰安婦　植民地支配と記憶の闘い』にはこんな記述がある。

《日本の否認者たちは、慰安婦たちの証言に「嘘」があるという。確かによく指摘されているように、連れていかれた年齢が最初の話より若くなったり、連れていった人が変わったりするケースがないわけではない》

日本の「否認者」の見解として述べていながら、実はこの疑問は朴氏も共有しており、まずこんな「証言」を例に挙げた。

《何日かあとにブンスンと河原で巻貝を捕まえていたけど、向こう岸の上に立っている老人と日本人男性が見えた。老人が指先で私たちを指差すと男が私たちのところへ降りて来た。老人はすぐにその場を離れ、男が私たちに一緒に行こうと手まねきをした》

同書では《この証言は近年最も活発に活動してきた元慰安婦のものである》として名前までは挙げていないが、これは紛れもなく先の李容洙さんの「証言」である（同書の読者の多くは突然「ブンスン」と言われてもわからないかも知れないが）。

そして、その後の展開を述べた後にこう指摘した。

《ところがこの証言は、以後すこしずつ変わっていくことになる。二〇〇四年に京都大学で行われた証言集会では、連れていかれたのは「一五歳」の時で、「日本軍の刀に威嚇された女性が自分を呼び出し、抱きかかえるようにして連れていった」と語っている。また最近の韓国の新聞では「大邸にある家の庭にまで日本軍が入って来て連れていった」と語ってもいる。連れていかれた年齢が若くなり、日本軍による強制連行に近い状況が語られているのである。

また、二〇一一年一二月、アメリカのホロコースト生存者と会って行われた証言では「一五歳のとき台湾の神風部隊に連れていかれた」「軍人の部屋に入るのを拒否したところ、あらゆる拷問を受けてほとんど死ぬところだった」(「聯合ニュース」二〇一一年一二月一四日付)と話したりもする。また慰安婦生活については「言うことを聞かないと電気拷問もされた」(「ヨンナム日報」二〇一二年九月一四日付)と話す。

しかし先の二〇年前の証言集では、それに近い行為をしたのは日本軍ではなく、彼女を連れていった「主人の男」だった。慰安所で行われたという「電気拷問」とは「電気コードを差し込みから外してそのコードをわたしの手首足首に巻いて」「電話の取手をはげしく回す」ような行為だった。そのような虐待をしたのは日本人の「主人」で、「慰安婦だけでなく日本人女性の奥さんや朝鮮人だった妾」も「ともすれば殴る」ような人だった。そして「軍人たちには殴られなかったが、主人にはたくさん殴られた」(『強制』I、一二七〜一二八頁)とも話している。証言では暴行をふるわれた体験は軍人より

「主人」による場合が多いが、暴行主体が業者だったと言わなくなっているのである》

この記述で私がまず引っ掛かったのは、「証言」の誇張自体よりもそれが「アメリカのホロコースト生存者と会って行われた」という部分で、同書ではこう述べている。

《挺対協は近年、慰安婦をホロコースト的存在と認識させようとしている（「ホロコースト・慰安婦、来月、歴史的出会い」「聯合ニュース」二〇一一年一一月二一日付）。しかし、ホロコーストには朝鮮人慰安婦が持つ矛盾――すなわち被害者で協力者という二重の構造は、すくなくとも一般的にはない。そうであるかぎり慰安婦をホロコースト的存在とするのは、その違いを無視することでしかない。悲惨な存在ではあっても朝鮮人慰安婦は、ただアイデンティティを理由に排除と抹殺の対象となったホロコーストとは、同じ存在ではあり得ないのである》

韓国側には珍しい客観的な言説だが、これが災いして大きな問題を引き起こすこととなった（次章で詳述）。

真実は決して妨げることはできない？

それはともかく、おそらくはハーバード大学の学生らも李容洙さんの「証言」を日本軍の行為だと認識したに違いない。

同書では、単に元慰安婦のみを非難することはできず、「強制連行」証言を求める人々の期待に応えた面があると弁護するが、李容洙さんに限って言えば自ら率先して話しているようにも私には思える。

元慰安婦女性らの「証言」の半分以上に信憑性がないと判断された中で、李容洙さんは信頼された側の証言者であった。これでは「証言」自体の信憑性が疑われてしまう。もっとも、嘘をついているわけではなく、長い年月と周囲から吹き込まれた情報により記憶自体がすり替わっているのかも知れない。

ちなみに、聯合ニュース二〇一五年四月二十七日付記事によれば、李容洙さんはこんな声を上げたという。

「（米上下両院合同会議での演説で慰安婦問題について）良心的に、公式に謝罪し、私の人生に対しても法的補償をしなければならない」

謝罪はともかく、「法的補償」とは国際法上の補償ということなのだろうが、極めて形式的な要求で、正直冷めた。

これに関しては、日本側が提示した「アジア女性基金」を、民間から寄付を募った補償は「まやかし」との理由で韓国側が拒んだ経緯もあり、誰かに入れ知恵されての発言としか思えない。

仮に日本政府が法的補償をするならば、同情的にではなく、過酷な体験後の七十年間、厳密には元慰安婦として声を上げるまでの四十五年以上の人生にいかなる影響を与えたのか、それこそ法的手続に基づいて李さんから聴取し、客観的に判断する必要があるだろう。

平成二十八年（二〇一六）三月八日、挺対協の要人らとともにまたもアメリカへと渡った李さんは、ニューヨークで記者会見を行った。

聯合ニュース同年三月九日付記事がこう報じている。

【慰安婦被害者が米で会見「韓日合意は受け入れられない」】

《旧日本軍の慰安婦被害者である韓国人女性の李容洙（イ・ヨンス）さんは8日（米東部時間）、米ニューヨーク市庁舎で開かれた記者会見で、慰安婦問題をめぐる昨年末の韓国と日本の合意について「受け入れることができない、あれは合意ではない」としながら、あらためて日本政府に公式な謝罪と法的な賠償を求めた。

この会見は、ニューヨーク市議会の女性人権委員長が「国際女性デー」に合わせ慰安婦被害者への支持を宣言するため設けた。

李さんは「真実は決して妨げることはできない」と、日本政府に真実を認めるよう迫りながら「二度とこうしたことがないようにすべきだ」と主張。日本が公式謝罪し法的に賠償することが慰安婦問題の解決になると訴えた》

真実は決して妨げることはできない？

その言葉は、そっくりそのままお返ししたいものである。

《李さんは続いて、国連報道協会（ＵＮＣＡ）が国連本部に準備した記者会見に出席した。15歳だった１９４３年に台湾の旧日本軍部隊に連れて行かれ強いられたつらい体験を語った後、「日本の首相が韓国の日本大使館前に来てひざまずいて謝罪し、法的に賠償すべきだ」と求めた》

今度は国連本部で、また例の話をしたらしい。細かい指摘をすれば、慰安婦にされた年齢はかつての「証言」より一歳若くなり、それに伴って時期も一年早くなっている。「日本の首相が韓国の日本大使館前に来てひざまずいて謝罪」と要求もエスカレートしている。

これ以上この人を黙って見過ごすことはできない。

第五章　「聖域」と化した慰安婦問題

『帝国の慰安婦』著者・朴裕河氏の刑事告訴

朝鮮日報二〇一五年十一月二十日付記事はこう報じた。

【「『帝国の慰安婦』は人格権・名誉権侵害、学問の自由を逸脱」】

《従軍慰安婦を「自発的売春婦」「日本軍の協力者」と表現した『帝国の慰安婦─植民地支配と記憶の闘争』の著者、朴裕河(パク・ユハ)世宗大学教授(58)が、ついに裁判にかけられることになった。ソウル東部地検刑事第1部(部長:権純範〈クォン・スンボム〉部長検事)は18日「朴教授を名誉棄損(きそん)の疑いで在宅起訴した」と発表した。

検察によると、朴教授は2013年8月に出版した『帝国の慰安婦』初版で、客観的資料に反する虚偽の事実を摘示し、元慰安婦の名誉を棄損した疑いが持たれている。

朴教授は『帝国の慰安婦』で、従軍慰安婦は基本的に売春婦の枠組みの中にいる女性や自発的な売春婦であって、日本軍に誇りを持ち、日本軍と同志的関係にあったという記述を行った》

あの韓国で、これほどまでに大胆な発言をする人がいるのか？　それが、この記事を読んだ私の第一印象である。

慰安婦＝売春婦であることは本書でも繰り返し述べてきた。もちろん、それは慰安婦を蔑んで言っているわけではない。基本的に「慰安所」は日本軍が公認した売春宿で、「慰安婦」はそこで働かされていた女性。だから売春婦だという客観的見解である。

「本人の意思に反して」売春婦にされた女性が慰安婦なのではなく、日本軍慰安婦を含む当時の売春婦らは皆同じような境遇にあった。とはいえ、日本軍慰安婦が「自発的売春婦」だとは思わないし、「同志的関係」という見解にも違和感を覚える。

同記事を読む限り、この朴裕河という人物が相当な「親日」家か、慰安婦を随分と批判的に見ている人物に思えた。後から知ったことだが、『帝国の慰安婦』には前章で示したように元慰安婦女性らの「証言」に疑問を投げかける記述もある。だとすれば、朴氏の言説は当然韓国で受け入れられるはずがない。

実際、これは民事訴訟ではなく刑事告訴である。記事はこう続いた。

《検察は、従軍慰安婦は被害者であると認められ、日本軍に自発的に協力していないことは客観的事実であって、朴教授が虚偽の事実を摘示して元慰安婦の名誉を棄損したと判断した。

検察は、1993年8月4日の河野洋平官房長官の談話、96年1月4日に発表された国連人権委員会のクマラスワミ報告、98年8月12日に公開されたマクドゥーガル報告、2011年の憲法裁判所決定などを根拠に挙げた。

検察の関係者は「朴教授の表現は、被害者の人格権と名誉権に重大な被害をもたらし、学問の自由を逸脱した。良心の自由、言論・出版の自由、学問の自由等は憲法が保障する基本的な権利だが、朴教授の表現は元慰安婦の社会的価値と評価を著しく、かつ重大に阻害するもの」と強調した。

昨年6月、元慰安婦11人が「本を書いた朴教授と発行した出版社の代表を処罰してほしい」と検察に告訴状を提出した。

検察は、出版社の代表については嫌疑なしとした》

慰安婦問題を追究してきただけに、私にとっても非常に興味深い話ではある。だが何分韓国の書籍で、それが日本で手に入るとは思わず、それを読まないことには判断のしようもないし、また日本のメディアが大きく報じたわけでもなかったので、私はこの段階でこの問題に深く立ち入ろうとはしなかった。

日本で抗議声明？

ところが事態は、深く立ち入らざるを得ない展開を見せる。

朝日新聞平成二十七年（二〇一五）十一月二十七日付記事がこう報じた。

【日米の学者ら抗議声明　「帝国の慰安婦」著者の在宅起訴】

《旧日本軍の慰安婦についての著書「帝国の慰安婦」（韓国版）を出版した朴裕河・世宗大教授を名誉毀損（きそん）の罪で韓国の検察が在宅起訴したことに対し、日米の学者や作家、ジャーナリストら54人が26日、「言論・出版の自由や学問・芸術の自由が侵されつつあるのを憂慮」するとの抗議声明を発表した》

日本の識者が関わっていることもあり、朝日新聞に限らず産経新聞・毎日新聞の他、テレビの報道番組でも結構報じられていたと思う。

私は朴裕河氏に対して前項のような印象を持っていたので、賛同人の顔ぶれを意外に感じた。ノーベル賞作家の大江健三郎氏、東京大学名誉教授・上野千鶴子氏、元朝日新聞主筆・若宮啓文氏といった、国家補償論者と目される人々ばかりなのである。

さらには、河野談話の河野洋平氏、村山談話でお馴染みの元首相・村山富市氏までもが名を連ねた。アメリカ側には、日本国に対して批判的なハーバード大学教授のアンドルー・ゴードン氏もいる。

《声明では「検察庁という公権力が特定の歴史観をもとに学問や言論の自由を封圧する挙に出た」「何を事実として設定し、いかに歴史を解釈するかは学問の自由の問題。言論には言論で対抗すべきで、公権力が踏み込むべきでない」などと起訴を批判。「日韓が慰安婦問題解決の糸口を見出（いだ）そうとしているとき、起訴が両国民の感情を不必要に刺激しあい、問題の打開を阻害することも危ぶまれる」と危惧を示した。「韓国の健全な世論が動き出すこと」を期待し、「民主主義の常識と良識に恥じない裁判所の判断」を求めている》

朴裕河氏は彼らが擁護すべき人物なのだろうか？

朴氏の言説を支持しているのか、言論で対抗しようとしているのか、量りかねる。

朝鮮日報同年同日付の東京特派員コラムはこんな見出しで伝えた。

【朴裕河氏起訴に抗議する「良心的」日本人】

同コラムは賛同人の顔ぶれをこう評している。

《「合理的な日本」「良心的な日本」を代表するA級の学者・論客・政治家を網羅していると見ていい。問題は、この人々の指摘に、韓国人がどこまで共鳴するかという点だ》

そして『帝国の慰安婦』の問題箇所に言及した上でこう述べた。

《生きて「地獄」を経験した元慰安婦にとって、こうした話は侮辱的なものだろう。しかしこの日、日本の知識人らが挙げたのは、朴教授の本が正しいか、間違っているかという問題ではなかった。この人々は、思想信条の自由があるべきだと主張した。「韓国社会にその自由があるのか」と問い掛けた。そんな話をしているのが日本の右翼ではなく、善良な人たちであることに戸惑う記者会見だった》

彼らが「善良な人たち」かどうかは別として、韓国が認める識者であることには間違いなく、さすがの朝鮮日報も戸惑いを隠さない。

同年十二月二日、今度は韓国の識者が同様の声明を発表。そうした事態を受け、朝鮮日報は同年十二月十日付コラムでこう述べた。

【「朴裕河起訴問題」を読み違える韓日の有識者たち】

この時期、奇しくも産経新聞前ソウル支局長であった加藤達也氏の朴槿恵大統領名誉毀損裁判の判決を控えていたこともあり、それと結びつけて「言論の自由」を論じる日本メディアを牽制する。

《今回の事態の対立の構図は「公権力」対「朴裕河」ではなく、「元慰安婦」対「朴裕河」だ。朴裕河教授に対する捜査は検察や警察が自ら始めたわけではない。まず元慰安婦らが朴裕河教授を訴え、出版・販売禁止仮処分を申請した。そして検察は一部記述が人格権と名誉権を侵害しているとして在宅起訴した。告訴があった以上、検察は法的手続きに基づく判断や処理を回避することはできない》

さらに、こんな懸念も示した。

《これに関連して懸念されるのは、日本で朴裕河教授が韓国の「良心」を代表する有識者と見なされることだ。朴裕河教授は日本文学研究者であって、誠意を持って慰安婦問題を取り上げるにしても限界がある。『帝国の慰安婦』も本格的な学術書というよりは自身の考えを書き留めた散文集に近い。日本のメディアや有識者たちが同問題の歴史的・法的・社会的文脈を深く研究してきた韓国の専門家たちの意見を退け、耳を傾けやすい朴裕河教授の考えを取り上げれば、問題はさらにこじれることになる。今回の事態が韓日関係に否定的な影響を及ぼすことのないよう、慎重なアプローチをお願いしたい》

韓国に味方する日本人を日本の「良心」と呼ぶ韓国メディアとは違い、日本のメディアや識者のスタンスは様々なので、安易に朴裕河氏を韓国の「良心」と見なすことはないであろう。

たしかにこの問題がなければ、私は朴裕河氏の存在には気づかなかっただろうし、「同問題の歴史的・法的・社会的文脈を深く研究してきた韓国の専門家たち」は今もってほとんど知らない。だが、朴氏の言説が韓国の「世論」から外れていることはわかる。そして、韓国の識者らはともかく、少なくとも朝鮮日報は朴裕河氏を良く思ってはいないらしい。

決して「親日」ではない

この時期には朴裕河氏自身が記者会見や日本メディアのインタビューに答えて持論を述べていたし、韓国紙各社も社説などで問題の書『帝国の慰安婦』について論じてもいた。だがそれらも、実際にその本を読まなければ判断しようがない。そこで何とか手に入らないかと思って調べてみると、実は日本でもその一年も前に出版されていたことを恥ずかしながら初めて知った。出版元は朝日新聞出版。それだけである程度内容の察しがついたし、日本の支援者らの顔ぶれにも納得した。

まず私の感想から述べよう。たしかに、韓国メディアの論調と比べると、はるかに慰安婦問題に対する客観的な視点を持っている。かと言って、決して日本を弁護しているわけではない。

韓国メディアには「親日」との見方もあった。

だが、朴氏もまた日本の「植民地支配」を憎む一韓国人で、日本に責任を求める姿勢には変わりがない。特に同書の後半は、たとえば河野談話が「強制連行」を認めたわけではないと客観的に評価しながらも、それを根拠としてすべてを「植民地支配」に帰結させる韓国人ならではの日本批判が色濃く感じられた。

朴氏は同書で「強制連行」を明確に否定しながらも(後述)、次のように述べている。

《しかし、慰安婦問題は、「強制があったかどうか」以上に重要な問題――男性による女性の強姦や輪姦が、国家や男たちによって許されていた、という問題をわたしたちに突きつけている。それは、強姦を別にすれば「合法」の名で許されていた、男性による女性の〈手段化〉〈モノ化〉〈道具化〉の状態だった。そしてそのような状況を支えていたのは、相手に対する差別意識である》

「輪姦」という表現と言い、根本は吉見義明氏とほぼ変わらない。

朝鮮日報二〇一五年十二月三日付記事は、前日の十二月二日に朴裕河氏自身が記者会見を行い、また同日に韓国の支持者と批判者のグループ双方から声明が出されたことを報じている。

朴氏側の主張の要旨は次の通り。

《まず、当事者である朴氏はこの日午前、韓国プレスセンター（ソウル市中区）で記者会見を開き「この本は元々、日本にこの問題に対する関心を促し、（慰安婦問題に対し）目を背けたり、否定したりする人たちの考え方ややり方にはどのような問題があるのかを分析するために書いた本だ。そんな私が元慰安婦のおばあさんたちを批判したり、こき下ろしたりする本を書く理由はない」と主張した》

これは決して韓国国内向けの弁解ではなくその通りと考えていい。

同書は第一章の冒頭でこう述べている。

《「慰安婦」とは一体誰のことだろうか。韓国にとって慰安婦とはまずは〈日本軍に強制連行された朝鮮人の無垢な少女たち〉である。しかし慰安婦に対する謝罪と補償をめぐる問題――いわゆる「慰安婦問題」をなかったものとする否定者たちは、〈慰安婦とは自分から軍について歩いた、ただの売春婦〉と考えている。そしてこの二十余年間、日韓の人々はその両方の記憶をめぐって激しく対立してきた》

おそらく、韓国の検察が指摘したのはこの箇所ではないか。ただし、読んでわかる通り、これはここで言う「否定者」の考え方として述べているものであって、朴氏自身の見解ではないし、同書を読む限り朴氏自身が「自発的売春婦」と述べているわけでもない。

この記述を根拠に起訴されたのだとしたら、韓国では反対論の引用すら許されないということになってしまう。

「否定者」＝日本？

だが、私が引っ掛かったのはそこではない。

まず、ここで言う「否定者」の概念が理解できないのである。朴氏から見れば私は当然「否定者」になるのであろう。たしかに謝罪や補償に関しては否定的であるが、「なかったものとする」と言われると意味がわからない。慰安婦の存在は認めているし、謝罪や補償に対して否定的である理由は本書でも再三述べてきた。

先の朝鮮日報記事によれば、朴氏の支持者はこう述べる。

《問題となった「自発的な売春婦」という表現は、著者のオリジナルではなく、慰安婦の存在自体を否定する日本の右翼を批判するため、著者が彼らの発言内容を引用したものであり、「(日本軍と慰安婦の)同志的関係」という表現もまた、「帝国主義の戦争に動員された植民地の朝鮮人たちの事情を客観的に考察する意図で書いた」というわけだ》

見ての通り、支持者にいたっては弁護するどころか、ここぞとばかりに日本を批判。あるいは「右翼」には先のような発言をする人がいるのだろうか。だとしたらそういう言い方をするか、あるいは具体的に誰の発言なのかを明記してもらわなければ誤解を招く。

そう思っていると平成二十八年(二〇一六)一月十四日、自民党の桜田義孝議員が公の場で実に不用意な発言をした。

朝日新聞同年一月十五日付記事によれば、発言の要旨は次の通り。

「従軍慰安婦の問題は、日本で売春禁止法（防止法）ができる前までは、売春婦と言うけれど職業としての娼婦、ビジネスだった。これを何か犠牲者のような宣伝工作に惑わされ過ぎている。そんなのは職業としての売春婦だということを、もう私は遠慮することはないと思う。遠慮しているから、間違って日本でも韓国でも広まってしまうのではないかと思う」

前年末の慰安婦問題における日韓「合意」への韓国側の反発に対して見解を示したのだろうとは思うが、明らかに逆効果で、こうした発言こそが格好の餌食となる。まさに朴氏が言う「否定者」そのもので、私が見ても慰安婦蔑視、さらには売春婦蔑視としか思えない。

案の定、「合意」破棄の口実を探しているであろう韓国メディアはこぞって「合意後いくらも経たないのに」と書き立て、日本の野党もここぞとばかりに批判した。自民党議員の発言だけに、これが日本の総意とも受け取られかねず、余計な発言だった。

次章で詳しく述べるが、韓国はもちろん、国際社会はただでさえ慰安婦＝売春婦という概念を受けつけない。そしてその誤解を解くことが本書の目的でもある。

日本国内の事情を言えば、「反日」一辺倒の韓国ほど単純ではなく、慰安婦問題に関する見解は様々で、特に歴史学者らには吉見義明氏に同調する「親韓」派も少なくない。

桜田氏の言っていることもまた、あくまで一個人の見解である。朴氏にはその辺りを十分理解してほしい。桜田氏の発言に対しては、安倍首相を始め自民党内からも批判の声が上がり、桜田氏は発言を撤回している。こういう発言をすれば、韓国メディアのみならず日本国内でも袋叩きにされることを、皮肉にも桜田氏が実証してくれた。これが日本国の総意ではないことだけははっきり言っておきたい。

また、韓国のメディアや朴氏の支持者に対して言いたいのだが、この桜田氏でさえも慰安婦の存在を前提に見解を述べている。朴氏も「慰安婦の存在自体を否定する日本の右翼」とは言っていないし、少なくとも私はそれを主張する人物を知らない。残念ながら、日本国内にもこういう漠然とした批判がある。それならば具体的な人物名を挙げてもらいたい。一緒にその認識不足な人物を批判しようではないか。

話を『帝国の慰安婦』に戻そう。まして「日韓」の「対立」と断定されてしまうと、「否定者」は「右翼」どころか日本国そのものということになってしまい、その日本国側の言い分はいかにも無責任で、「自分から軍について歩いた、ただの売春婦」という言い方が慰安婦を蔑んでいるかのよう捉えられてしまう。これが「否定者」の論理だと決めつけられては堪らない。

ところが『帝国の慰安婦』ではさらに「否定者」を非難している。

《韓国の支援団体が朝鮮人慰安婦の片一方の記憶にこだわったのは、基本的には慰安婦を単なる売春婦とみなすような、日本の否定者たちの記憶に抵抗するためである。つまり、韓国の偏った記憶は単に韓国だけが作ったのではない。軍が慰安所に関与したのではなく、慰安婦たちを「自発的に」お

金を儲けに行った「娼婦」と認識する記憶にのみ日本がこだわるかぎり、韓国の記憶や主張も強化されるばかりだろう》

ここでは明確に「否定者」＝日本にしてしまった。たしかに私は慰安婦＝売春婦と考えているが、本章の最初にも述べた通り、それは決して慰安婦を蔑んで言っているわけではなく、むしろ売春婦の立場を尊重すべきだと言っている。私から見ると、朴氏もまた売春婦を蔑視しているとしか思えない。問題を複雑にしている元凶は、他の韓国人や第三国人らと同様、日本に対しての、そして慰安婦を尊重する一方で売春婦を蔑む朴氏自身の偏見にあるのではないだろうか。同時に、慰安婦を「自発的な売春婦」と考える人々にはその考えを改めてほしいものである。

「同志的」というより「同情的」

韓国の検察が指摘した「同志的」という表現は、情が移ったとでも言うのか、「同情的」と表現した方が妥当だと私自身は感じた。

本書では引用していないが、李容洙さんの平成五年（一九九三）当時の「証言」にも、客として訪れた日本兵に同情的な部分が見られるし、第三章で示したように、結婚が成立した例さえあったのである。

『帝国の慰安婦』ではこう述べられていた。

《帰る可能性のない戦闘に出て行く兵士たちは、自分の大切な家族や友人の代わりに自分の持ち物を慰安婦に残したりもした。ほんものの家族がいない戦場で、慰安婦たちはこのような形で故郷や家族を代替してもいたのである。軍人という公的な役割ではなく残された生の最後の時間をともに過ごし、その思いを受け止める役割をしたのも慰安婦だった。しかし軍人たちを「かわいそう」と思った慰安婦たちの思いはすっかり忘れ去られ、残っているのは「恨みの慰安婦」像のみだ》

むしろ慰安婦らの純粋な思いを代弁しているようにも思えるが、元慰安婦女性らにはもはやそうした感情がないらしい。

同書が元慰安婦女性らや批判者の反感を買ったのは、行き過ぎた韓国「世論」を客観的に批判し、さらには韓国でタブーとされる在韓米軍向け売春婦（次章で詳述）にまで言及しているからであろう。韓国は、日本が部分的にでも謝罪すればすべての非を認めたと受け取るし、逆に少しでも否定すればすべての責任を放棄したかのように非難する。黒か白、ゼロか百しかない。朴氏の見解も、「世論」に反する部分がどうしても韓国社会には受け入れられなかった。

先にも引用した朝鮮日報二〇一五年十二月三日付記事は、実はこんな見出しで報じている。

【「『帝国の慰安婦』に学問的裏付けなし」研究者60人が公開討論を提案】

そして先の支持者らの主張の後にこう続いた。

《一方、ソウル大学の鄭鎮星（チョン・ジンソン）、梁鉉娥（ヤン・ヒョナ）両教授や西江大学の林志弦（イム・ジヒョン）教授など60人が署名した「日本軍慰安婦被害者たちの痛みに深く共感し、『慰安婦』問題の正義ある解決のため活動する研究者と活動家一同」は「単に学問と表現の自由という観点だけで問題にアプローチする態度に対し深く憂慮せざるを得ない」とした上で「問題の核心は日本という国家の責任であるにもかかわらず、『帝国の慰安婦』は責任の主体が『業者』という前提から始まっている」と批判した。このグループは「十分な学問的裏付けのない記述によって、被害者たちに苦痛を与える本だと判断する」とした上で「日本の知識人社会が『多様性』を掲げてこの本を積極的に評価しているという事実を知り、果たしてそのような評価が、厳密な学問的検討を経たものなのか、大きな疑問を抱かざるを得ない」と主張した。さらに「朴教授と『帝国の慰安婦』を支持する研究者たちに対し、近いうちに公開討論会を行うことを提案する」を表明した》

こちらは批判者だから当然だが、支持者も含め双方が日本を悪く言うのが韓国という国である。私は韓国側の主張に理屈などないと思っているので、こうなったら「厳密な学問的検討を経た」韓国側の研究成果がぜひ知りたい。

「強制連行」を否定

それはともかく、『帝国の慰安婦』において特筆すべきは、あのアレクシス・ダデン氏がその存在を主張することすら認めてくれない（次章で詳述）「業者」の介在を認識している点である。

《「慰安婦」を必要としたのは間違いなく日本という国家だった。しかし、そのような需要に応えて、女たちを誘拐や甘言などの手段までをも使って「連れていった」のはほとんどの場合、中間業者だった。「強制連行」した主体が日本軍だったとする証言も少数ながらあるが、それは軍属扱いされた業者が制服を着て現れ､軍人と勘違いされた可能性が高い。たとえ軍人が「強制連行」したケースがあったとしても、戦場でない朝鮮半島では、それはむしろ逸脱した例外的なケースとみなすべきだ。そういう意味では、慰安婦たちを連れていった（「強制連行」との言葉が、公権力による物理的力の行使を意味する限り、少なくとも朝鮮人慰安婦問題においては、軍の方針としては成立しない）ことの「法的」責任は、直接には業者たちに問われるべきである。それも、あきらかな「だまし」や誘拐の場合に限る。需要を生み出した日本という国家の行為は、批判はできても「法的責任」を問うのは難しいことになるのである》

解釈の必要もなく、朴氏は「強制連行」を明確に否定した。

《軍属扱いされた業者が制服を着て現れ、軍人と勘違いされた可能性が高い》という憶測は日本の「否定者」もなかなか言わない。

「『強制連行』を認めろ！」一辺倒の韓国にあって、『帝国の慰安婦』が受け入れられないのも当然である。

だからと言って、朴氏は日本を弁護しているわけではない。

《慰安婦問題を否定する人たちは「強制連行」でないことを主張している。少なくともインドネシアや中国などで強姦されたり強制的に売春させられた人がいる以上、たとえ朝鮮が植民地であって状況が違っていたとしても、「慰安婦問題における強制性」は否定できない。

確かに、朝鮮人慰安婦に関してなら「軍人による強制連行」説は修正されるべきである。さらに、軍が慰安所を設置したのは事実でも、軍が募集を依頼した慰安所以外の売春施設まで軍慰安所と考えられている以上、系統立っていたものとは言えない慰安所をめぐる状況を「慰安婦制度」と呼ぶのも難しい。

しかし、慰安婦問題は、「強制があったかどうか」以上に重要な問題――男性による強姦や輪姦が、国家や男たちによって許されていた、という問題をわたしたちに突きつけている。それは、強姦を別にすれば「合法」の名で許されていた、男性による女性の〈手段化〉〈モノ化〉〈道具化〉の状態だった。そしてそのような状態を支えていたのは、相手に対する差別意識である》

慰安所での行為までも「強姦」「輪姦」と言ってしまう点で吉見義明氏らの発想と変わらず、さらには問題を「差別意識」に帰結させた。

そして、結局は「植民地支配」が悪いという話になる。

《慰安婦たちがたとえ慰安婦になる前から売春婦だったとしても、そのことはもはや重要ではない。朝鮮人慰安婦という存在が、植民地支配の構造が生んだものである限り、「日本の」公娼システム――日本の男性のための法に、植民地を組み込んだこと自体が問題なのである。慰安所利用が「当時は認められていた」とする主張は、「朝鮮人慰安婦」問題の本質を見ていない言葉にすぎない》

朴氏は慰安婦に限定した話をしているようだが、本書の第二章でも述べたように、公娼制度は日本軍慰安所設置以前から朝鮮社会に定着していたし、「業者」も元々朝鮮国内外の売春婦を徴募していた。朴氏はそれらが日本軍だけのために存在していたわけではないことを認識していないのか、あるいは吉見義明氏らと同様、公娼制度を朝鮮半島に持ち込んだ日本が悪いと考えているのか。

朝鮮半島で慰安婦を徴募したのは、もちろん当時そこが日本の領土であったことが大前提ではあるが、「差別意識」に帰結させる問題ではなく、当初の主戦場であった中国と地続きで（海を隔てても日本本国よりはるかに近い）、徴募のシステムも確立されており、あくまで合理性の観点からではないかと思われる。残念ながら女性蔑視はあったと思うが、日本人だから丁重に扱われたとは思えない。

「慰安婦二十万人」説への異論

さらに朴氏は「慰安婦二十万人」説にも異論を唱え、本書第二章でも引用した千田夏光著『従軍慰安婦』の記述に対してこう述べた。

《「ソウル新聞」の記者は、「挺身隊に動員された韓・日両国の女性は全部で二〇万人ほど。このうち韓国の女性は五万～七万人と推定されている」と書いている。慰安婦問題を告発する韓国の記者さえも、朝鮮人慰安婦の数を「五万～七万」と言っているのである。日本で動員された挺身隊が一九四四年二月の時点で一六万人というから、この数字は本当の挺身隊の数だった可能性が高い。

千田は「日本軍が動員し使用した慰安婦の総数は昭和十三年から同二十年まで八万人とも十万人とも言うが、その大半が朝鮮人女性」と言う（二九頁）。この本の副題にある「八万人」とは、ここから出た数字だった（なぜか千田が示している数は韓国人記者が示す数字より多い）。

もっとも、数自体はさほど問題ではない。二〇万人ではなく二万人、もしくは二〇〇〇人だったとしても、朝鮮人女性が「日本軍慰安婦」になったことが植民地に対して帝国権力がもたらした結果である以上、彼女たちの苦痛の責任が「大日本帝国」にあるのは明らかだ。そのことは、彼女たちを直接動員したのが業者だったとしても、また彼女たちが「からゆきさん」のように誘拐されたり自発的に売られていったとしても変わらない。

しかし、「二〇万人説」は、千田を始めとするジャーナリストや研究者・運動家たちが「ソウル新聞」などの記事を全面的に信じ、さらに曲解させた結果として定着した。たとえ「二〇万人」だったとしても、その数は慰安婦のことではなかった》

文中の「からゆきさん」とは、十九世紀後半に東アジア・東南アジアに渡って売春婦として働いた日本人女性で、朴氏はなぜか国外にも売られたという朝鮮の一般の売春婦には一切言及せず、これを日本軍慰安婦の「前身」と位置づけている。だが時代的に考えても、慰安婦は朝鮮国内外の売春婦の延長上か同等と見るべきではないか。

それはともかく、読んでわかる通り、「慰安婦二十万人」説を否定したからと言って、決して日本を弁護しているわけではない。

これに続き「慰安婦＝少女」のイメージについても述べた。

《二〇万人という数字以上に、韓国の人々の怒りを誘うのは、ソウルの在韓日本大使館の前の少女像が示すように、朝鮮人慰安婦の多くが幼い少女だったというイメージである。

しかし、〈慰安婦＝少女〉のイメージは、まずは一九九〇年代にこの問題が提起されたとき、挺身

隊を慰安婦そのものと誤解したことから作られたものである》

そして、本書の第三章で引用した連合国軍の「日本人捕虜尋問報告第四九号」の「平均的な朝鮮人女性は二五歳ぐらいで」という記述などを根拠に、「少女慰安婦」の存在が必ずしも一般的ケースではなかったことを述べた上でこう続ける。

《にもかかわらず、韓国での慰安婦のイメージが「少女」に定着したのは（大使館前の少女像以外に、慰安婦を素材として有名になったあるアニメーションのタイトルも『少女物語』である）、挺身隊と慰安婦を混同したせいでもあるだろうが、先の「二〇万人説」と同様、そのことが韓国の被害者意識を育て維持するのに効果的だったための、無意識の産物だったと考えられる。

「からゆきさん」時代に海外へ連れていかれた人たちの多くが「少女」だったのは事実であるようだ。幼いだけに、誘拐や人身売買の対象になりやすかったからであろう。

そして、朝鮮人慰安婦の中に少女が存在したのも、日本軍が意図した結果というより、「強制的に連れていった」誘拐犯たち、あるいは同じ村の者でありながら、少女がいる家の情報を提供した協力者たちの意図の結果と見るべきだ》

これに関しては朴氏の見解の客観性に感服した。

慰安婦「虐殺」はなかった

対して韓国社会の一般的な認識はそうではなく、いかにも感情論なのである。まずは朝鮮日報二〇一六年一月六日付記事から。

【慰安婦合意：女性団体「本当の母親たちは日本を許していない」】

平成二十七年（二〇一五）末の日韓「合意」の後、韓国では反対論が大勢を占めたが、その中にあって、少数派ながら「もう日本の謝罪を受け入れ、許そう」と主張した民間の女性団体もあった。

当然ながらそれに対しては別の女性団体から反発がある。

《『最終的かつ不可逆』という言葉に固執した安倍晋三首相の姿からは、暴力的で高揚した男性の姿がかいま見える。少女たちを性奴隷と見なし、強姦（ごうかん）・殺害した犯罪記録を国連教育科学文化機関（ユネスコ）に登録すべきだ」と主張した。

また、「日本は貪欲さのために戦争をしておきながら、兵士の不満を鎮めるため隣国の少女たちを利用した。20万人の少女たちが悲惨なことに命を失い、生き残った少数も死ぬまで苦しみの中で生きなければならなかった」と日本を批判、日本に対して「19世紀末以降、韓半島（朝鮮半島）で行ったすべての悪行に対して謝罪し賠償せよ」と言った》

単に「慰安婦二十万人」説だけならまだしも、そのすべてが少女で、当時大半が死んだかのようなことまで言い、さらにはどさくさに紛れ「19世紀末以降、韓半島（朝鮮半島）で行ったすべての悪行に対して謝罪し賠償せよ」と、慰安婦問題とは直接的に関係がないことまで言い出した。日本国はこういう思い込みの激しい、慰安婦問題以前に「反日」大前提の人々を相手にしなければならない。

二十万人の少女が慰安婦にされ、大半が死去した。そんな証拠がどこに存在するのか。しかし、韓国ではその証明を求めず、言えばそれが成立してしまうのだ。
こうした韓国人の認識についても『帝国の慰安婦』は言及した。
《韓国では、慰安婦たちが敗戦後、ほとんど帰ることができなかったかのように伝えられている。「日本軍に置き去りにされたか、虐殺された」とみなされているのである。しかし、元慰安婦の証言の中に見える、慰安婦の残留と帰国をめぐる様子は、韓国の常識を裏切るものだ》
同書ではその実情を元慰安婦女性らの「証言」により導き出しているが、当然ながら仲間が「虐殺された」といった類はなく、日本の憲兵らはむしろ他国の兵が来るからと逃がしてくれたという。
《いわゆる「外地」と呼ばれていた日本軍の占領地と植民地にでかけていた日本人のうち無事帰国した人は、軍人と民間人を合わせて六七〇万人を超える数字だったという。彼らが帰還できたかどうかは、彼らがどこにいたのか、それまでの歳月をどのように生きてきたのかによってもその明暗が分かれたが、その状況は当時日本人だった朝鮮人も、基本的には変わらなかった》
さらに戦地で「業者」に解放された例を挙げこう述べた。
《連れてきたのが業者だったのだから、彼女たちの帰国に関して責任を持つべき第一の責任者は業者と言うべきであろう。しかし業者たちの多くは先に逃げるか「解放」の形で――しかし「お金はくれない」いで――彼女たちを放置した。もっとも、交通機関を含む慰安所までの移動の便宜を図ってくれたのが日本軍だった場合も多いようだから、帰国に関してもまた、日本軍の責任はあるとも言える。しかしこれに関しても、構造的な責任主体と直接の責任主体はそれぞれ見ていかねばならない。そし

て、彼女たちが帰還できたかどうかは、置かれた状況によって異なっていた》

それは「正論」で、「業者」のみならず日本軍にも責任はある。

だが、戦争は負けたから終わりというわけには行かない。置き去りにした「業者」を庇う気はまったくないが、日本軍には戦死者も多く、特に敗戦後はその余力がなかったのが実情ではないか。そして、日本軍慰安婦ではなく一般の売春婦として国外に売られた女性らは、大前提として帰国など望むべくもなかったはずである。

慰安婦の大半は成人女性

さらには、国際社会の認識がまた酷い。

やはり平成二十七年（二〇一五）末の慰安婦問題における日韓「合意」に伴い、朝鮮日報二〇一六年一月二日付記事がこんなことを報じた。

【慰安婦合意：米教授「日本の教科書に児童性犯罪として記載必要」】

《デラウェア大学のマーガレット・D・ステッツ教授は1日、ニューヨーク・タイムズへの寄稿文で「貴紙は昨年12月29日に報道した記事で、日本軍に『韓国の女性たち』が連れて行かれたと書いているが、被害者はほとんどが未成年だった。こうした性犯罪は日本の教科書で教育しなければ、正義が成り立たない」と指摘した。

同教授は「貴紙はこの日の記事で、第二次世界大戦時の日本軍売春宿にだまされて、あるいは強制的に連れて行かれた『韓国の女性たち』に関する紛争が妥結したと書いた。生存者たちが証言している通り、残酷な性奴隷システムの対象は大人ではなく、13―14歳の少女だった」と強調した。

そして、「荷物のように船に載せられ、アジア各地の戦場に連れて行かれて、毎日のように強姦（ごうかん）された少女たちは、初経さえ迎えていない年齢だった」とも述べた。

さらに、「日本の行為は戦争犯罪だけでなく、子どもに対する人身売買と性犯罪だった。これらの事実は日本の教科書に記述され、西欧の各メディアが報道しない限り、犠牲者のための真の正義は行われていない」と一喝した》

どさくさに紛れてアメリカでまた一人偏向思想家が出しゃばってきた上に、さらに話が誇張されている。ニューヨーク・タイムズの記事だけでも十分酷いのに、こんな話を吹聴されては堪らない。

ステッツ氏が「初経さえ迎えていない年齢だった」とここまで自信たっぷりに述べる根拠が知りたいところではある。そして改めて国際社会に反論する必要性を認識させられた。

ここでどうしても言いたいことがある。日本政府が偏向的なマグロウヒル社の世界史教科書ただ一冊に是正を要請しただけで批判されるのに、アメリカ人はなぜ日本の教育そのものに口を出すのか。はっきり言って、彼らに指図される筋合いはない。しかも彼らは、思い込みによる嘘を教えろと強要している。

元慰安婦女性らの「証言」には十代の頃に慰安婦にされたという話が多いのは確かだが、『帝国の慰安婦』ではそこにも一考を加えた。

《証言している慰安婦たちのほとんどが一〇代に「慰安婦」になったとしているのは、この「慰安婦問題」が発生した九〇年代には、すでに一九四〇年代から五〇年も経っていたためではないだろうか。つまり一九四五年の時点で二五歳以上の人たちは、このときすでに七〇歳以上になっていたわけで、当時の平均年齢からするとすでに亡くなっていたか、病気になっていた可能性が高い。そこで「解放」の時点で二五歳以下だった人たちだけが声をあげることになっていたとしたら、一九二〇年以降の生まれということになり、一九三〇年代後半における彼女たちの年齢が一〇代なのは、そのようなことの結果とも考えられる》

第四章で示した通り、李容洙さんの「証言」にもこうある。

《娘たちの中で私が一番年下でした。プンスンは私より一歳年上でしたし、他の人は十八歳、十九歳、二十歳といったところでした》

十代後半でも十分若いが、十六歳だった李容洙さんが一番年下。「初経さえ迎えていない年齢だった」、さらに「子どもに対する人身売買」は明らかに誇張し過ぎであろう。

こうした認識に影響を与えたのは、やはり近年アメリカでも乱立される「慰安婦像」なのだろうか。

再び『帝国の慰安婦』の記述。

《この二〇年間に形成された韓国の〈公的記憶〉を集約する形で出現したのが、二〇一一年一二月、ソウルの日本大使館前に作られた少女像であろう。

記念碑は、性労働を強制された慰安婦像でありながら、性的イメージとは無関係に見える可憐な「少女」の姿である。つまり、大使館前に立っているのは、慰安婦になった以後の実際の慰安婦というよりは、慰安婦になる前の姿である。あるいは、慰安婦の平均年齢が二五歳だったという資料を参考にするなら、実際に存在した大多数の成人慰安婦ではなく、全体のなかでは少数だったと考えられる少女慰安婦だけを代表する像である。

しかし少女像は、あたかも慰安婦の全体を代表するものとして受け止められ、「少女慰安婦」のイメージを日々強化している。人々は「二〇万」という数字を併せて思い起こすだろう》「思い起こす」のではなく、アメリカに建立された慰安婦像の碑文には実際に「二十万人以上が強制的に性奴隷にされた」旨が書かれており、明らかにそこを訪れる人々の「洗脳」を意図している。

韓国挺身隊問題対策協議会を批判

そうしたイメージ形成に中心的な役割を担ったのが慰安婦支援団体「韓国挺身隊問題対策協議会」（挺対協）であった。

《慰安婦問題に関する研究書や論文は少なくないが、「挺対協」は韓国内で「慰安婦」に関する情報提供者として絶対的な中心位置に存在してきた。そして挺対協の運動は成功し、今や〈強制的に連れていかれて性奴隷となった二〇万人の少女〉の記憶は、〈世界の記憶〉となった。

実際に挺対協は、「慰安婦」のことを「第二次世界大戦前から一九四五年までの間、日本政府によって強制連行・拉致され、日本軍の性奴隷生活を強いられた女性」とホームページで説明している》

根拠がない、散々なことが言われていたらしい。私は元々、この団体の名称に違和感を覚えていた。慰安婦支援団体がなぜ「韓国挺身隊問題対策協議会」なのか。それはおそらく、挺身隊＝慰安婦という誤解から生じた名称ではないかと思ったが、韓国側が労働者の「強制徴用」を主張していることもあり、あるいは挺身隊自体の責任追及も兼ねているのかと思って、あえてその点を指摘しようとは考えなかった。

だが、実はそうではなかったようである。

《あわせて「挺身隊」についての説明もあって、「日本帝国主義の戦闘力強化のために特別に労働力を提供する男女組織全てを指す名詞」と説明している。「慰安婦」と「挺身隊」は同じではないことを、きちんと説明しているのである。二〇一〇年に出された挺対協の現・代表の著書（ユン・ミヒャン（尹美香）二〇一〇）にも、その差異は言及されている。

実のところ、慰安婦問題の発生以来、その二つの概念が同じではないことは早くから指摘されてきたから（アン・ビョンジク（安秉直）一九九二、イ・ヨンフン（李栄薫）二〇〇八ほか）、そういう説明があるのは当然でもある。ところが「挺身隊問題対策協議会」がなぜ「挺身隊」問題対策協議会なのかについては説明されていない。つまり「挺身隊問題対策協議会」が活動初期に、挺身隊と慰安婦と勘違いしたことについては触れられていないのである。一九九〇年代の活動初期の新聞などに載った写真には「挺身隊問題について謝罪せよ」とあって、初期の頃は慰安婦のことを「挺身隊」と考えていたことがわかる》

だったら名称を変えてほしいものだが、なぜそれをしないのか。

そもそも「日本政府によって強制連行・拉致され、日本軍の性奴隷生活を強いられた」という認識は挺身隊＝慰安婦という虚偽から生じたはずなのに、それらを別物と認識しながら、なぜか挺対協が主導する韓国「世論」は「強制連行」を認めろと言って譲らない。

さらに挺対協は、日本に対する印象すらも操作する。

《日本政府がともかくも「女性のためのアジア平和国民基金」というものを作り、謝罪と共に補償金を渡し、相当数の慰安婦がこの補償金を受け取ったという事実もまったく語られない。あることの判断のために必要なはずの基本情報が、そこでは与えられていないのである。

挺対協が要求する「全面的に責任を認める」という言葉の意味は、慰安所設置や募集が「法的犯罪」だったことを認めて「国家責任」を取れという意味である。しかし「基金」に関してのことはひとことも触れずに「国家責任」を取っていないとしか書かれていないので、韓国の人々は日本がまったく何もしてこなかったと考えるほかない。韓国のマスコミがいまだ同じような認識をもとにした記事を毎日のように報道するのも、その結果である》

朴氏の立場から見ても、挺対協の姿勢には問題があるらしい。

だが、この問題において韓国側で力を持つのは、政府よりもむしろ挺対協である。おそらくはこうした批判も、『帝国の慰安婦』が韓国社会から反感を買った理由の一つなのであろう。

もっとも、朴氏が考える「否定者」は慰安婦を「ただの売春婦」と言って憚らない、挺対協以上に程度の低い連中なので、そこまで極論でなくとも十分論破できると考えているのではないだろうか。

アメリカ韓国系団体からの解任要求

同書に対しては多くの批判があったが、とりわけ酷いと私が感じたのは朝鮮日報二〇一五年十二月二十三日付記事が報じた、ニューヨークの韓国系団体の批判であった。

【慰安婦：ＮＹの韓国系団体、世宗大に朴裕河教授の解任を要求】

《ニューヨーク韓国系保護協会のチェ・ユンヒ共同会長は21日、『帝国の慰安婦』問題に対する緊急声明を発表、「歴史歪曲（れきしわいきょく）」、朴裕河教授解任要求書」を世宗大学の申求（シン・グ）総長に送ったことを明らかにした。

ニューヨーク韓国系保護者協会は声明で、「２０１３年8月、親日表現の極致である『帝国の慰安婦』を出版、生存している慰安婦被害者たちに残酷な精神的苦痛を与え、国益に多大な被害を加えて歪曲された歴史を学生たちに教育した朴裕河教授は、もはや大韓民国の教授職にある資格がない」と主張した。

さらに、「朴裕河世宗大学日本文学科教授は、高校を卒業後日本に留学し、正しい教育のための歴史や知識を習得するのではなく、韓国人としての誇りと自負を忘れ、批判することなく日本の知識人たちから吸収した歴史歪曲を隠ぺい、『帝国の慰安婦』出版後は言論の自由を悪用して間違った主張を広めている」と非難した。

また、「世宗大学は1947年5月20日に創設者のチュ・ヨンハ博士の建学理念通り、国の利益と同胞の名誉を高め、輝かしい新文化を創造する担い手を育ててきたが、その名誉が失墜しないよう、『歴史歪曲』朴裕河教授をただちに解任することを強く要求する」としている》

私は朴氏を弁護する立場にはないが、この団体は『帝国の慰安婦』をまともに読んでいるのだろうか。たしかに韓国における「極論」を客観的に批判してはいるが、決して「親日」ではないことくらい読めばわかりそうなものである。

朴氏の経歴を見ると、慶應義塾大学文学部国文科卒業、早稲田大学大学院文学研究科・日本文学専攻博士課程修了と、日本人以上に日本の専門的教育を受けた相当な日本通であることは事実だが、だからと言って「歴史歪曲」を「批判することなく日本の知識人たちから吸収した」わけではなく、彼らと同じく日本の「植民地支配」を憎む一韓国人であることに変わりはない。

この団体をこうした行動にかき立てたのは、ニューヨーク・タイムズの報道の影響が大きかったようである。

《ニューヨーク・タイムズは19日、韓国で物議を醸している朴裕河教授の『帝国の慰安婦』に関する内容を大きく報じていた。同紙は「公式的な慰安婦の歴史は、日本が韓国を始めとするアジア諸国から軍隊が運営する売春宿に少女たちを強制的に連れて行き、第二次世界大戦で敗北するまで性奴隷生活をさせたというものだが、朴裕河教授は韓国と日本の資料や存命中の元慰安婦とのインタビューを通じ、元慰安婦に対する不快な部分を隠した画一的なイメージが韓日間の多くの感情的紛争を深刻

化させていることに気が付いた」と慰安婦に関する別の見方を詳しく報じた》
そもそもニューヨーク・タイムズが言う「公式的な慰安婦の歴史」があまりにも酷い。これもまた韓国系が広めたのであろう。

「ホロコーストと同等」と吹聴する韓国系

そして韓国系の批判があまりに感情論的なのである。
《チェ・ユンヒ会長は「騒動になっている『帝国の慰安婦』を韓国の女性教授が書いたことに驚がくした。当時の朝鮮は日本の植民地奴隷国家だった。仮に韓国人が（慰安婦を）募集したとしても、日本の主の新たな奴隷に過ぎない。どこの親が借金のために自分の娘を売春宿に売るというのか。朴裕河教授は被害者と家族を2度殺すな」と声を荒らげた。
そして、「わずかなセクハラでも被害者が侮辱を感じれば被害者側に付くのが常識だ。まして、一生消えない傷を負った（元慰安婦）生存者たちがいるのに、当時生まれてもいなかった第三者が堂々と歪曲書籍を出版するのは言論の自由ではなく放縦（身勝手）であり、暴力である」と繰り返し非難した》
前借金により自分の身内に売られたという話は元慰安婦女性らの「証言」にもあるし、前章の李容洙さんの「証言」に見るように、李さんの友達の「プンスン」にいたっては大して悲壮感もなく母親に売られているので、「どこの親が借金のために自分の娘を売春宿に売るというのか」というのはこの人物の感情論でしかない。さらに「わずかなセクハラでも被害者が侮辱を感じれば被害者側に付くのが常識だ」とまで言われると、親告罪である性犯罪においてはでっち上げが横行してしまう。実際そうしたケースは少なくない。そして、前章で見た通り、「証言」自体も年々誇張される傾向にある。朴氏がこれだけ非難される現状で、日本国が彼らと話し合う余地などあるだろうか。私は無理だと思う。アメリカでは彼らが日本の悪評を吹聴しまくっているらしい。

朝鮮日報二〇一六年一月二十二日付記事がこう報じていた。

【慰安婦合意：米高官の「妄言」に在米韓国系団体が謝罪求める】

アメリカ国務省のトニー・ブリンケン副長官はＮＨＫのインタビューに答え、次のように発言している。

「我々は米国国内を含めすべての人々に両国の合意を支持するよう求めており、合意の精神に基づいて行動することを望む」

《これに対して、「ニューヨーク韓人保護者協会」チェ・ユンヒ共同会長は19日、ニューシスの取材に「米国務省の副長官ともあろう人物が、このように非常識な言葉を発したことが信じられない。慰安婦問題は後世にわたって教育すべき人権問題なのに、騒ぎ立てるなとは、一体何を言っているのか」とあきれた様子で語った。

そして、「慰安婦問題をはじめとする日本帝国主義の犯罪はナチスのユダヤ人に対するホロコースト（大量虐殺）と同等なのにもかかわらず、ブリンケン米国務副長官はナチスのホロコーストに対し

て口を開くなと言えるのか、問いただしたい」と指摘した》

前章で述べた挺対協同様、韓国系もまたアメリカで「日本帝国主義の犯罪はナチスのユダヤ人に対するホロコーストと同等」と吹聴している。「女性の人権」などは後づけの口実に過ぎず、韓国および韓国系の真の目的は、朝鮮を支配した憎き日本をナチスドイツと同様の、「世界」が認める「絶対悪」に仕立て上げることに他ならない。

慰安婦の「強制連行」のみならず、日本統治下での朝鮮人の徴用を「強制徴用」と称し、日本の「植民地支配」がホロコーストであったと「世界」に認識させようとしている。

平成二十七年（二〇一五）七月の「明治日本の産業革命遺産」世界文化遺産登録の際にも韓国は同様の主張をした。韓国メディアによれば、当時の朝鮮人が徴用されたのは二十三施設中七施設、約六万人が動員され、死者九十四名とのこと。だがこの限りでも、三分の二以上の施設で朝鮮人の徴用はなく、労働力の中心はあくまで日本人で、またホロコーストが意味する「大量虐殺」などなかったという事実が十分わかる。

大嫌いな日本のために働かされたことを「強制」と感じるのはわからないではないが、必要以上に悪く言われる筋合いはない。

中央日報は二〇一五年十二月十六日付コラムでこう批判した。

【『帝国の慰安婦』著者起訴…学問を口実にした暴力はいけない】

《学問というのは正しいか正しくないかを判断する作業だ。慰安婦問題が正しいか正しくないかという判断基準は、まさに元慰安婦女性たちの経験と記憶だ。これを否定し、元慰安婦のおばあさんたちに苦痛を与えるような学問は、学問を口実にした「暴力」という点を誰も否定できないだろう》

この問題に伴い、産経新聞が「聖域」と表現していたが、韓国では元慰安婦女性を批判すること自体がタブーなのである。

起訴以前に、そもそも韓国社会には「言論の自由」が存在しない。

案の定と言うべきか、朝鮮日報二〇一六年一月十四日付記事によれば、ソウル東部地裁は前日の一月十三日、元慰安婦女性らが損害賠償を求めた民事訴訟において、朴氏に九千万ウォン（約八百七十五万円）の支払いを命じる判決を下している。

判決理由など聞くまでも無いが、裁判所は次のように述べた。

「歴史的人物が生存している場合には人格権の保護が学問の自由に対する保護よりも相対的に重視される」

韓国では、元慰安婦女性らが存命である限り批判はできない。彼女らが好き勝手に話を誇張して日本を非難し続けていてもだ。これを受け、同年一月二十日には刑事での初公判となったが、状況は明らかに朴氏に不利である。

第六章　慰安婦だけを憐れむ「世界」

なぜ売春婦を蔑むのか

朝鮮日報は二〇一五年三月二十六日付でこう報じた。

【慰安婦を娼婦呼ばわりする日本、米外交誌が批判】

《米ワシントンで発行されている政治・外交関連情報誌「ネルソン・リポート」は、日本の歴史歪曲（わいきょく）問題に関連し、「（日本軍に強制動員された）慰安婦の被害者を娼婦（しょうふ）だと言っている状況で誰が安倍政権を真剣だと信じるだろうか。歴史学者を代弁者にして娼婦発言をすることが韓国との関係修復を願う日本政府のやり方か」と批判した。

日本の外務省が慰安婦問題専門家として推薦した日本大学の秦郁彦教授が最近、米歴史教科書の慰安婦関連の記述に異議を唱え、「娼婦は人類の歴史上存在してきたもので、慰安婦の女性も特別な部類だとは思わない」と述べたことを日本政府の指図だととらえたものだ。同誌は「驚くほど話にならないことだ」と秦発言を断じた》

勝手に「日本政府の指図」と捉えて政権批判をしている。マグロウヒル社世界史教科書の記述に対しては、日本政府ならずとも頭に来ている日本人は多いし、慰安婦の「強制連行」を否定する秦郁彦氏の立場なら指図されなくともこの発言は当然である。

それはともかく、ネルソン・リポートが秦氏の見解を「驚くほど話にならないことだ」とまで断じる根拠が同記事からはわからない。

逆に聞きたい。彼らはなぜ娼婦（売春婦）を蔑むのか。それこそ、「慰安婦」を一体何だと思っているのか。前章で引用した朝鮮日報記事を読む限り、少なくともニューヨーク・タイムズは慰安所を「売春宿」と認識しているのに、そこで働かされた慰安婦をなぜ「売春婦」と考えてはならないのか。ただ、東アジアの歴史を大して理解もせずに独善的な批判をしていることは、同記事の次の記述からよくわかる。

《同誌は「1931年を起点として、数十万人の日本軍が中国に入り、15年戦争を行ったが、これは中国政府が招いたものではなく、中国人は歓迎しなかった。誰も否定できない事実をめぐり、どのように論争しようというのか分からない」と書いた。「侵略はなかった」と中国を説得することは事実上不可能にもかかわらず、日本政府がそれを無視するのは、中国に全く配慮しないものだとも指摘した》

これを読む限り、日本が昭和六年（一九三一）に突然中国に侵攻したかのようだが、日中の因縁は中国が「清」であった時代から続くもので、そんな短絡的な話ではない。また、当の中国や日本国内の国家補償論者らはやたらと「日本対中国」という構図と日本の「侵略」を強調していることもあり、ネルソン・リポートもなぜか中国に肩入れしているが、当時の中国は内戦の方がはるかに激しかった。そういう微妙なニュアンスがアメリカ人にわかるはずもない。わかりもしないのに、偉そうに口を挟まないでほしいものである。

話を戻すと、おそらくネルソン・リポートの認識は「慰安婦＝性奴隷」で、売春婦扱いなど「話にならない」のであろう。中国・人民網二〇一五年四月二日付記事（後述）にもこう書かれていた。

《慰安婦とは第2次世界大戦中、日本軍によって性的奉仕を強要され、性の奴隷にされた女性を指す》

こういう一方的な決めつけへの反論として、秦郁彦氏は慰安婦が売春婦だと述べた。基本的に、慰安婦は性奴隷ではないからである。

第二章で述べたように、周旋業者は日本軍慰安所設置以前から朝鮮の一般の売春婦を同様に徴募していた。慰安所の設置により需要が増えたとは言えるかも知れないが、おそらく慰安婦らは周旋業者に送られた先がたまたま日本軍の慰安所だったのであって、同様に徴募され一般の売春婦となった女性らと境遇はまったく変わらない。

吉見版『従軍慰安婦』には「自由意思による応募者はいたか」という項目があり、こんなことが言われていた。

《年季があけ、前借金を完済した娼妓が、慰安業者や女将・仲居などになるケースは相当あったとしても、みずからの意思で慰安婦になるケースは多くなかったと思われる。また、仮にあったとしても、貸座敷という事実上の性的奴隷制度のもとで、そのような生き方しかできなくされたという点を重視しなければならない。その女性の前に労働者、専門職、自営業など自由な職業選択の道が開かれているとすれば、慰安婦となる道を選ぶ女性がいるはずがないからである。たとえ本人が、自由意思でその道を選んだようにみえるときでも、実は、植民地支配、貧困、失業など何らかの強制の結果なのだ》

吉見氏に掛かると、「植民地支配」はまだわかるとして、「貧困」「失業」までもが「何らかの強制」にされてしまう。アレクシス・ダデン氏らの声明でも「自己の意思に反して」が強調された。

だが、それを言い出したら話は日本軍の慰安婦だけでは収まらない。その時代の、いや、今の時代の売春婦も皆声を揃えて言うだろう。

「私だって好きで売春婦になったわけじゃない！」

それなのに、片や日本帝国主義の「被害者」で、片や売春婦として元慰安婦からさえ一緒にするなと蔑まれるのは不条理である。

それでも吉見氏らは、日本の「植民地支配」による差別や貧困の影響という話を持ち出すかも知れないが、日本が統治する以前の李氏朝鮮はそれほど立派な国家だったのか。私はそうは思わない。

安倍首相の「人身売買」発言

訪米の少し前、安倍首相の発言が物議を醸した。

朝鮮日報二〇一五年三月三十日付記事がこう報じている。

【慰安婦：「人身売買」発言は日本政府の責任隠す小細工】

《安倍晋三首相は28日、米紙ワシントン・ポストとのインタビューで、従軍慰安婦を「人身売買（human trafficking）の犠牲者」と表現、「計り知れない苦痛と言葉で表せない痛みを経験された方々のことを思うと胸が痛む」と述べた。これに対し、一部からは「慰安婦の強制動員自体を否定していた安倍首相が『強制性』を認めただけでも一歩前進したと言える面がある」と評価した。しかし、韓国政府と専門家の多くは「日本政府の責任という部分を巧みに濁し、米国の世論をごまかそうとする意図が込

められている」と警戒している》

この発言は、前章で自民党の桜田義孝議員の見解とは明らかに発想が異なるし、ここから少なくとも安倍首相、すなわち現在の日本政府が慰安婦を「ただの売春婦」と蔑視していないことが明らかだと思うのだが、国際社会はそう受け止めてはくれなかった。

「米国の世論をごまかそうとする意図」とは人聞きが悪い。マイク・ホンダ氏、アレクシス・ダデン氏同様、アメリカにはどれだけ説明してもわからない人間ばかりだというのに。

そこまで言う朝鮮日報の論理は次の通り。

《安倍首相は「人身売買」について言及しながら、その主体が誰であるかを明示しておらず、性を目的としていたことにも言及しなかった。また、謝罪（apology）という表現の代わりに「胸が痛む（my heart aches）という第3者的な言葉を選んで使った。このため、国（日本軍）が組織的に介入し、慰安婦を強制連行したという事実をまだ認めていないという解釈が出ている。

韓国政府当局者は「安倍首相の言及は、元慰安婦と韓国政府、国際社会から受け入れられない」「慰安婦（連行）の責任を民間業者に転嫁し、日本政府が直接関与した事実を否定しようとする意図と思われる」と語った》

《国（日本軍）が組織的に介入し、慰安婦を強制連行したという事実をまだ認めていないという解釈が出ている》なんておかしな言い方をするのはやめてくれ。韓国側が慰安婦問題を「強制連行」を大前提に考えているからこういう言い方になるのであって、日本国はそれを明確に否定している。

主体が誰であるかを明示したら、返って猛反発を受けるであろう。本書をここまで読んでもらえば十分わかる。

あくまで私見として述べると、「人身売買」の主体は民間業者や被害女性らの身内、つまり、強いて「強制連行」を行った者がいるとすれば、それは当時の朝鮮人以外の何者でもない。決して「人身売買」を肯定はしないが、慰安婦にされた女性ら本人の意思は別として、買う側だけでなく売る側の人間がいなければ「売買」は成立しない、という視点が抜け落ちている。買う側が朝鮮のみならず日本の「業者」である場合があったとしても、売る側は常に朝鮮人であった。「強制連行」で話が済むなら、わざわざ金を積む必要がない。責任転嫁ではなくそれこそが事実で、それは韓国やアメリカの左派系学者らが論拠とする吉見義明氏の著書などでも明らかである。主体を明示しなかったのはむしろ韓国側への配慮ではないか。

日本の国家がやった？

これに対し、あのアレクシス・ダデン氏がまったく異なる考えを示す。

朝鮮日報二〇一五年六月十九日付記事が次の見出しで伝えた。

【慰安婦：ダデン教授「日本には法的・道徳的責任がある」】

《「日本は、この極悪無道な人権犯罪について法的にも道徳的にも責任がある」

安倍首相の歴史認識を批判する世界の歴史学者の共同声明を主導したアレクシス・ダデン・コネティ

カット大学教授は、太平洋戦争当時の従軍慰安婦問題をめぐる日本の責任について、断固たる立場を示した》

ダデン氏がなぜこの時期にこんなことを言い出したのかと言うと、同月二十二、二十三日に韓国・ソウル市内で東北アジア歴史財団主催の「日韓基本条約五十年史の再証明」という学術会議が開催され、それに先駆けダデン氏が発表文を事前提出したのだという。

ダデン氏はそこで次のように述べた。

「こうした行為は、当時も今も人身売買や拉致罪に該当し、（戦前の日本の刑法や現行の刑法でも）国際人身売買に当たる」

拉致罪に該当するならば、五十年前の韓国政府がそれを認識できていないはずはなく、昭和四十年（一九六五）の日韓基本条約までにその責任を十分追及できたはずだ。それをしなかったのは、おそらくそこまでの事態ではなかったから、というのが私個人の見解である。

ところがダデン氏はそう考えていない。

《安倍首相は最近、慰安婦強制動員問題をめぐって「人身売買（human trafficking）の犠牲者」と表現したが、行為の主体については言及せず、批判を浴びた。

これについてダデン教授は「安倍首相は『人身売買』という用語を使うたび、誰が人身売買をやったのかという問いに答えられなかった。答えは簡単だ。日本の国家がやった」と断言した。「強制動員された慰安婦は、慰安婦を否定する人々が現在卑劣に主張している『従軍民間人（camp followers）』

ではなく、国家の最高レベルによって組織されたシステムに閉じ込められていた」という。またダデン教授は「被害者には、性行為を拒否する自由も、居住地や移転先を決める自由も、慰安所を離れて仕事をやめる自由もなかった。日本軍は、慰安所が設置されたことを知っており、これは性奴隷にほかならなかった」と語った》

ダデン氏は、「人身売買」を「日本の国家がやった」と断言し、「従軍民間人」の行為と主張することを「卑劣」とまで叱責した。いわゆる「業者」の介在を主張することすら認めてくれない。つまりは安倍首相が、日本国の責任を認めない意図で「人身売買」の主体を明らかにしなかった、というニュアンスに感じられる。

先の記事中の「強制動員」が事実で、《国家の最高レベルによって組織されたシステムに閉じ込められていた》のであれば、それはもはや「拉致・監禁」であって、なおかつ性行為を「強制」していたとされる慰安所は「国家」の「性奴隷強制収容所」とも言えよう。それならば、もはや「人身売買」を行う必要性はないのではないか。

だが、それが事実である根拠はないし、「業者」の存在はダデン氏らが頼みとしている吉見義明氏が言っていることなので、「卑劣に主張している」わけでも何でもない。売春宿に他ならない慰安所において「性行為を拒否する自由」には無理があるし、戦地においては兵士らにも「居住地や移転先を決める自由」などなかったのである。

中国が考える慰安婦問題

この「人身売買」発言には、慰安婦問題とはあまり関係がないと思われる中国までもが首を突っ込んできた。

人民網二〇一五年四月二日付記事はこう伝えている。

【慰安婦を「人身売買」と表現した安倍首相、一体何を考えているのか?】

《歴史に関するでたらめな理論がお得意の安倍首相から、またとんでもない言葉が飛び出した。4月末の訪米を控えた安倍首相はこのほど、米メディアの取材を受けた際、なんと慰安婦を「人身売買の犠牲者」と表現したのだ。これまで歴史問題でトラブルを起こし続けてきた安倍首相だが、今回の発言の裏は一体どんな考えがあるのだろう》

中国は当初からこの問題に関心が薄く、韓国のように「被害者」としての主張はほとんどしてこなかった。ところが、その中国が「南京大虐殺」関連資料と同時に慰安婦関連資料の世界記憶遺産への登録を目指していたというから驚きである。そこには何らかの政治的な意図が働いていたとしか思えない。

平成二十七年(二〇一五)十月、遺憾ながら登録されてしまった「南京大虐殺」関連資料に対し、慰安婦関連資料はどうにか登録を免れた。とはいえ、今度は韓国などと協力して平成二十九年(二〇一七)に再度登録を目指すとのことなので、これは何としても阻止せねばなるまい。

中国側はこの問題をどう捉えているのか。

《周知の通り、慰安婦とは第2次世界大戦中、日本軍によって性的奉仕を強要され、性の奴隷にされた女性を指す。日本軍は占領地域に大量の慰安所を設置、朝鮮・中国・東南アジアなどから強制的に女性を連行し、従軍慰安婦として働かせていた。日本の民間調査団体の推算によると、第2次大戦中の慰安婦の人数は70万人に上る。国際連合人権委員会の1990年代の報告書も「日本が従軍慰安婦を強制的に徴用した」事実を認めており、日本政府に対して被害者に謝罪と賠償を行い責任を果たすよう求めている。

このように、慰安婦問題は国連が厳正なる立場を示し、国際社会も公認している事実だ。ところが安倍首相は取材の中で、「心が痛む」としながらも、慰安婦強制連行という劣悪な行為を「人身売買」と表現した。しかも日本は加害者であるとは一言も言わず、謝罪も口に出さなかった。韓国の世論はこれについて、「安倍首相の発言は歴史問題を故意に回避し、慰安婦問題の本質と日本政府の責任を故意に覆い隠そうとするものだ。河野談話と比べると大きな隔たりがある」と指摘している》

どさくさで「70万人」という韓国でも言わない数字が飛び出した。

それはともかく、中国もまた「強制連行」を大前提に慰安婦問題を考えているが、問題の解釈は韓国よりもはるかに短絡的である。その論拠は「国際連合人権委員会の1990年代の報告書」、つまり悪名高き「クマラスワミ報告書」で、さらにその論拠もまた韓国同様、すでに信憑性がほぼ否定された吉田清治証言に他ならない。

こうした聞く耳を持たない人々の思い込みと決めつけにより、安倍首相と日本国は国際社会で悪者扱いされている。

南京の慰安婦

第三章で、慰安所の大量設置に「南京攻略戦」が大きく関わっていたことを述べた。南京市は周囲を城壁に囲まれた城塞都市で、攻略戦はその外で行われていたが、蔣介石率いる中国国民党軍を攻略した日本軍は南京城内へと入っていく。中国側が「南京大虐殺」と主張するのはこの前後の出来事。

南京市の住民らは日本軍の侵攻を数週間前から認識しており、南京を離れるか、それ以外の大半は南京在住の第三国人らにより設けられた「南京安全区」という特別避難区域に避難した。そこに逃げ込んだ残敵掃蕩目的以外では安全区に入らないのが当時の日本軍の不文律。安全区外には人がいなかったから「大虐殺」などあり得ないと主張するのが「大虐殺」否定派で、日本軍が安全区にまで入り込んで悪行三昧を行ったと主張するのが肯定派である。

当時、安全区で主に若い女性難民の収容所となっていた「金陵女子文理学院」学長のミニー・ヴォートリンの日記『南京事件の日々』、安全区国際委員会委員長であったジョン・ラーベの日記『南京の真実』には慰安婦問題に関わる興味深い記述があった。

日本軍のやりたい放題の象徴としてこの「金陵女子文理学院」が引き合いに出されることが多く、たとえばここだけで一日百件の強姦があったという話も吹聴されている。実際それなりのトラブルもあったようではあるが、責任者であったヴォートリンが毅然と対応したこともあり、実は世間で言われるほど酷い事態には陥っていない。それは『南京事件の日々』を読めばわかる。

そんな場所に、売春婦を募集する意図で日本軍が現れた。

「強制連行」か？　と思うかも知れないが、そうではない。

まずは『南京事件の日々』一九三七年十二月二十四日付の記述。

《あしたはクリスマス。一〇時ごろわたしの執務室に呼び出されて、――師団の高級軍事顧問と会見することになった。さいわい、大使館付の年配の中国人通訳を同伴してきた。ここの避難民一万人のなかから売春婦一〇〇人を選別させてもらいたいというのが日本側の要求であった。彼らの考えでは、兵士が利用するための正規の認可慰安所を開設することができれば、何の罪もない慎みある女性にみだらな行為を働くことはなくなるだろう、というのだ。以後は女性を連行しないことを彼らが約束したので、物色を始めることを承知した。その間、軍事顧問はわたしの執務室で腰を掛けて待っていた。かなりの時間が経過してから、彼らはようやく二一人を確保した。こうした物色がおこなわれることを聞きつけて逃げ出した女性や、いまなお身を隠している女性もいると彼らは考えている。大勢の少女が次つぎにわたしのところにやってきて、残り七九人は品行正しい少女のなかから選ぶのか、と質したが、わたしとしては、わたしが言って阻止できるのであれば、そういうことにはならないはずだ、と答えるのが精いっぱいだ》

なお、この後に「品行正しい少女」らが連れて行かれたという記述は、少なくとも同書にはなく、むしろ少女らが不用意に敷地内を歩き回ることをヴォートリンが窘（たしな）めている。

日本軍が売春婦候補の女性らをどうやって選別したか、ヴォートリンは語っていないが、これに相当する記述として、『南京の真実』では同年十二月二十六日付で次のように述べられていた。

《さて、日本当局は、兵隊用の売春宿を作ろうというとんでもないことを思いついた。何百人もの娘でいっぱいのホールになだれこんでくる男たちを、恐怖のあまり、ミニは両手を組み合わせて見ていた。一人だって引き渡すもんですか。それくらいならこの場で死んだほうがましだわ。ところが、そこへ唖然とするようなことが起きた。我々がよく知っている、上品な紅卍字会のメンバーが（彼がそんな社会の暗部に通じているとは思いも寄らなかったが）、なみいる娘たちに二言三言やさしく話しかけた。すると、驚いたことに、かなりの数の娘たちが進み出たのだ。売春婦だったらしく、新しい売春宿で働かされるのをちっとも苦にしていないようだった。ミニは言葉を失った》

慰安所設置という発想はそもそも欧米人には受け入れ難いのか。

ラーベの「証言」通りなら、売春婦募集の仲介には、南京の難民救済のために国際委員会と連携して活動していた中国の慈善団体「紅卍字会」が絡んでいたというおまけつきで、その呼び掛けに応じて元々売春婦だった女性らが進み出た、ということらしい。

二つの記述を併せて考えると、日本軍が求めていたのは基本的に売春婦であって、手当たり次第に一般女性を、まして「少女」を捕まえて性奴隷にしたわけではなく、その目的はむしろ「少女」らを無闇に傷つけないことであった、ということではないだろうか。

実際、朝鮮で慰安婦を徴募する際にも「強制連行」したわけではなく、その役割は周旋業者が担っていた。

日本兵相手の身売り

松岡環編『南京戦　閉ざされた記憶を尋ねて　元兵士102人の証言』は、南京攻略戦時の兵士らの「証言」により「南京大虐殺」を証明しようという「大虐殺」肯定派の書籍ではあるが、慰安所に関してある元兵士がこんな「証言」をしている。

《南京にはようけ慰安所があって、私も行ったな。中国人ばっかりやった。朝鮮の娘もおったな。軍票で払った。慰安所は大きな通りにたくさんあった。料金は安くて、月に二回や三回は行った。将校専用の慰安所が別にあり、そこは朝鮮人の女の子がいた。

住んどったらあっちやこっち行くわな。配給受けるのと一緒や。ずらっと慰安所があって、そこに兵隊がズーッと並んでいたね。済んだら交替、交替と。中国の女の子が多かった。街の娘、南京の娘やろな。安定してからは、親が慰安所に連れてくるというのもあった。食べていくのに、仕様がないな》

なぜ一兵士が慰安婦女性の個人的な事情まで知っているのかがわからないので、確かな「証言」だと私は思わない。

また、これが韓国の慰安婦事情にも当てはまるとも（とはいえ、韓国側はインドネシアの例をそのまま当てはめようとしている）、また慰安婦女性らが好きでやっていたとも思えないが、先の例も含め、日本軍の「強制連行」とは言えないのではないか。

そしてさらに、第三章で言及した早尾乕雄軍医の論文「戦場に於ける特殊現象と其対策」の「性欲ト強姦」項（吉見義明編『従軍慰安婦資料集』に記載）に看過できない記述を見つけた。

まず、吉見義明版『従軍慰安婦』では次のように引用している。

《……加之部隊長は兵の元気をつくるに却って必要とし、見て知らぬ振りに過したのさえあった位である。……敵国婦女子の身体迄汚すとは、誠に文明人のなすべき行為とは考えられない。東洋の礼節の国を誇る国民として慚愧にたえぬ事である》

例によって、省略された「……」部分が気になった。

一つ目の省略部分は、原文では日本兵の不法行為について述べている。被害に遭ったのは《憲兵ノ活躍ノナカツタ頃デ而モ支那兵ニヨリ荒サレズ殆ンド抵抗モナク日本兵ノ通過ニマカセタ市町村》で、現地の人々に警戒心がなく逃げなかったことが災いしたのだという。

この点、安全区に避難する等日本軍が侵攻してくる前に対策を取っていた南京とはいささか事情が異なる。そういうことがあって、以来中国では日本兵を見ると女性を隠すようになったことが二つ目の省略部分に書かれていた。

一部兵士らの蛮行は認めざるを得ないが、第三章でも述べたように、同論文はその後の「憲兵ノ活躍」を高く評価している。強姦対策は慰安所設置だけではなく、取り締まりも強化していた。

省略されたのはそれだけではなく、原文にはこんな記述もある。

《然ルニ一方南京ノ避難民区カラハ糊口ノ道ヲ得タルタメニ昔ノ夜鷹ノ如クニ若キ支那婦人ガ枕ニ

ナルモノ下敷ニナルモノダケヲ携エテ昼夜兵ノ宿舎ニアラハル、様ニナツタノデ風儀ノ紊サレタ事モアツタコウナルト憲兵ノ方モ強姦カ和姦カノ区別ヲ考ヘネバナラナクナリ若シ其ノ場所ニ敷物代用品ガアツタリ支那婦人ガ日本貨ヲ持ツテ居ツタ事実ガ認メラレタラ和姦トシテ取リ扱ツテ見ル様ニナリ強姦ノ数ハ実際ヨリハ少クナツタトイフ、敵国人トイフ感ノ働クタメニ無償ニテ行ヒ要求サレタ時ニ是ヲ追ヒ払ツタリスル為メニ自治委員会カラノ告訴ニ会ツテ恥ヲカク例モ少クナイノデアル》

これを述べた後、早尾軍医は《勝利者ナルガ故ニ金銀財宝ノ掠奪ハ言フニ及バズ敵国婦女子ノ身体迄汚ストハ誠ニ文明人ノナスベキ行為トハ考ヘラレナイ、東洋ノ礼節ノ国ヲ誇ル国民トシテ慚愧ニタエヌ事デアル》と言い、吉見氏は前段の内容とは関係なくこの部分のみを引用した。特に吉見氏の引用のみを読むとそれが強姦を意味するとしか思えないし、「南京大虐殺」肯定派の人々は日本軍が安全区にまで入り込んで悪行三昧を行ったと主張して憚らないが、「強制連行」どころか、同論文ではその安全区（避難民区）から、「糊口（生計）」のためとはいえ一部の若い中国女性自らが日本兵相手の身売りに来たことが示されている（それを非難する気はまったくないが）。

しかも、時には兵士側が対価を拒んだがため「自治委員会カラノ告訴ニ会ツテ恥ヲカク例モ少クナイ」という。

あるいは、当時の若い中国女性は我々が思うよりずっと逞しく、日本兵をカモにしてやろうくらいに割り切っていたのかも知れないし、こんな状況で「大虐殺」があったとは到底思えない。

「基地村」売春婦らの訴えを聞け！

これははっきり言っておいた方がいいだろう。アメリカ・韓国に日本を非難する資格はない！我々日本人とて、アメリカの歴史は知っている。アメリカ人が他国に対し、軽々しく「奴隷」などという言葉を使うべきではない。そこまで蒸し返さなくとも、アメリカには、そして韓国にも、本来日本を責められない「事情」がある。

ニューヨーク・タイムズ紙には二〇〇九年一月八日付で、次のような見出しの記事が掲載されていた。

【Ex - prostitutes Say South Korea and U.S. Enabled Sex Trade Near Bases】（元売春婦らが、韓国と米国が基地付近の売春を可能にしたと述べる）

ここで言う「基地」とは、韓国にある米軍基地。

『週刊新潮』平成二十一年（二〇〇九）一月二十二月号によれば、これはニューヨーク・タイムズ紙の特派員である韓国人のチェ・サンフン記者による告発記事である。その内容は、韓国の元売春婦グループによる、北朝鮮から韓国を防衛していた米軍兵士相手の売春を奨励した自国の元指導者と、一九六〇年代から八〇年代にかけセックスビジネスに直接関わっていた韓国の歴代政権および米軍の告発である。

北朝鮮との国境線、韓国の米軍基地付近にある、韓国が国家的に管理していた売春街「基地村」で米兵ら相手の売春をさせられていた韓国人女性らである。記事でははっきりとこう述べられていた。

《they accuse successive Korean governments of hypocrisy in calling for reparation from Japan while refusing to take a hard look at South Korea's own history.》（彼女らは、韓国自体の歴史を厳しい目で検証することをせずに日本からの賠償を求めるのは偽善だと、歴代韓国政府を非難している）

ネット上では、この記事を産経新聞が報じた際、「prostitutes」を「慰安婦」と訳したことを「捏造」だとする批判があったが、『週刊新潮』はニューヨーク・タイムズ紙と提携し、普段何かと同紙の記事を引用する朝日新聞がこの記事をまったく無視したことを批判した。

ちなみに、韓国メディアでもこの件はまったく報じられていない。

この記事をチェ記者自身が書いたのか、英訳されたのかは不明だが、たしかに同記事ではあくまで「prostitute（売春婦）」であって、日本の慰安婦、すなわち「comfort women」とは区別されており、まして「sexual slavery」とは表現していない。

あるいは、アメリカでは慰安婦に報酬すらなかったと誤解されているのではないか。と言うのも、「奴隷」の概念に関しては、十九世紀まで奴隷制度があったアメリカの方が明確だと考えられるからだ。

ただ、慰安婦の報酬に関して、『ウソと真実』で吉見義明氏の共著者である川田文子氏はこう釘を刺していた。

《では、慰安婦のかせぎを搾取し金もうけをしていた業者が、人権侵害の主犯かといえば、それはそうではあるまい。慰安所制度をつくりだし、慰安所設置を指示し、運営についても監督した軍にその責任があることはいうまでもない。また、料金を支払っていたのだから慰安婦にたいする人権侵害は免罪されるかといえば、それもそうではない。料金が性暴力の免罪符にはならないし、一国の軍隊が組織的に性奴隷制を確立したことが問われるのである》

これは日本軍の慰安婦が高給を得ていたことに対して述べたことであるが、奇しくも韓国軍・米軍にそっくりそのまま当てはまる。

奴隷どころか動物扱い

とはいえ、アメリカ人はそう考えないであろう。報酬を得ているのだから性奴隷ではない、と主張するのではないか。しかしながら、日本軍の慰安婦を待遇面によって性奴隷と呼ぶなら、それこそ米軍相手の売春婦らの待遇は酷いものである。

米韓当局は、番号札を用いて女性を識別し、兵士らがセックスの相手を容易に見分けられるよう、売春宿に番号札の着用を強要していた。性病に感染していると見なされた売春婦らは韓国警察に連行され、窓に鉄格子がはまった「モンキーハウス」と呼ばれる監視施設に監禁され、治癒するまで治療を強要されたという。奴隷どころか動物扱いではないか。そしてこうした事実は、韓国やアメリカの公文書からも明らかだそうである。あるいは、日本軍の慰安婦は国際問題で、在韓米軍基地近くの売春街「基地村」売春婦は国内問題だと主張するだろうか。

だが、証言者の女性らの一人は最後にこう語った。

《Looking back, I think my body was not mine, but the government's and the U.S.military's.》（振

り返ってみると、私の体は私のものではなく、韓国政府と米軍のものだったと思います）

女性らの受けた精神的、肉体的苦痛は慰安婦とまったく変わらない。韓国は当然それを棚に上げて日本を責めているのだろうが、マイク・ホンダ氏らはこうした問題を認識できているのだろうか。女性らが韓国政府に対して言った言葉ながら、アメリカが日本を糾弾するのもまた「hypocrisy（偽善）」以外の何物でもない。

平成二十六年（二〇一四）六月二十五日、「基地村」で米兵ら相手の売春をしていた韓国人女性ら百二十二人が韓国政府の厳しい管理下に置かれ人権を侵害されたなどとして一人当たり一千万ウォン（約百万円）の国家賠償を求める集団訴訟をソウル地裁に起こしたことが報じられた。同日付産経新聞記事では「米軍慰安婦」とされているのだが、アメリカや韓国はこの呼称に納得するだろうか。

訴訟を支援する団体によれば、「基地村」売春婦らによる国家賠償訴訟は初めてだそうで、随分と行動するのが遅い。そして日本ではあの朝日新聞でさえ報じていたこの問題だが、少なくとも韓国メディアの日本語版サイトでは報じているのが確認できなかった。

『週刊文春』平成二十七年（二〇一五）四月二日号においては、アメリカ機密公文書に基づき、ベトナム戦争時に韓国軍向けの売春宿が存在していたことがスクープされているが、ベトナム問題に力を入れるハンギョレ新聞だけが唯一反応し、二〇一五年四月二十五日付記事で報じている。

【週刊文春の「韓国軍トルコ風呂」報道、腹立たしいが反論は困難】

《日本政府に慰安婦問題の解決をしつこく要求する韓国の努力に〝焦点ボカシ〟を図る疑いが濃厚

な報道ではあるが、政府次元で関連内容を調査し関連内容が事実であることが確認されれば問題解決のための真剣な努力を始めなければならない》

ハンギョレ新聞は二〇一三年九月の朴槿恵大統領のベトナム訪問時、同年九月十日付記事で「日本に歴史直視訴え、ベトナムにはだんまりの矛盾」と指摘した。そういう新聞だけに真摯な姿勢とは感じるが、「〝焦点ボカシ〟を図る疑いが濃厚な報道」と言わなければ気が済まないのがやはり韓国メディアらしい。

それはともかく、特に週刊文春に関して、普段はコラム記事にまで過敏に反応するのに、韓国の他メディアはこの記事に反論するどころか報じすらせず、それこそだんまりを決め込んだ。そして韓国政府にもこの件を調査する気があるとは思えない。日本を責めるなら、まず韓国が手本を示してくれ。お陰様で、我々日本人はいまだに慰安婦問題に向き合わざるを得ないばかりか、無責任な第三国からも責められている。

韓国はまったく同様の自国の問題に見て見ぬふりではないか。

国連軍の性暴行

売春は基本的には違法行為である。ゆえに、「慰安婦＝売春婦」という見解に怒る人々は、慰安婦は性行為を強要された「被害者」で、売春婦はそれを自分の意思で行う「犯罪者」と考えているのかも知れない。だがそれは、むしろ売春婦蔑視のように私には思える。売春婦とて、好きでやっている人などおそらくほとんどいない。

北朝鮮との国境近くに売春街ができるにいたった経緯については、広島大学名誉教授の肩書を持つ文化人類学者の崔吉城氏が著書『韓国の米軍慰安婦はなぜ生まれたのか』に詳しく記している。

朝鮮戦争勃発時の昭和二十五年（一九五〇）頃、当時まだ十歳の少年であったという崔氏の故郷である国境近くの「村」は一時的に北朝鮮側の中国共産党軍に占領され、その後国連軍により解放された。

だが、本当に大変だったのはそこからであったという。

《朝鮮戦争で国連軍は平和軍であり、共産化、赤化から民主主義を守ってくれる天使のような軍と思われていた。しかし私の故郷である村で、韓国民にとって味方であるはずの国連軍によって行われた婦女暴行は凄惨を極めた。戦時下において人間は、かくも凶暴な存在となり得るのか。これらの暴行がどのくらい広い範囲で行われたか、今となっては確かめようがない。儒教的な倫理観が強いその村では、それまで売春婦を置くことなど許されなかったが、戦争という不可抗力と、性暴力の恐怖によって、住民たちは売春婦を認めざるを得なかったのである。

これが、慰安婦問題を論じる上で、日韓両国そして国際社会が避けて通れない「米軍慰安婦」の成り立ちである。しかし、それについて韓国国内で論じることは長きにわたってタブーとされた》

国連軍が一体何をしたと言うのか。

当初、国連軍は村人たちからも歓迎されていた。だが、兵士らは軍事活動とは無関係に昼間村を徘徊することがあり、女性を探しているという噂が立って警戒され始めたという。とはいえ、兵士らが夜に訪ねて来ることはないはずだった。
《しかし残念なことに、そういう期間は非常に短かった。彼らは村人たちが危惧していた通り、間もなく女性たちを略奪しはじめた。彼らは、昼間にぶらぶらしながら女の目星をつけておく。そして夕方になると、坂道などの村を見渡せるところにジープを止めておいて、望遠鏡で目当ての女性を探す。それで見つけると、猛然とジープを走らせてくる。そうして強奪していくのであるが、私たちはそういうジープを見ると、大声で「軍人！　隠れろ！」と叫んだものである》
同書では兵士らの暴行が列挙されているが、こんな酷い話もある。
《襲われるのは若い女性だけではなかった。私より一つ年上の十一歳の少年は、お婆さんと一緒にサツマイモ畑で仕事中に兵士が現れ、自分の性器を出すとなめるよう強制された。兵士は、嫌がる彼の頭を抑えて性器を口に入れる。無理矢理口に入れたので口から出血してしまった。そばでお婆さんが大声で泣いているのに、平気でそういうことをやっていた》
《襲われるのは若い女性だけではなかった》と言うから、お婆さんが襲われたのかと思いきや、被害者は何と少年。それも日本軍が慰安婦にしたと吹聴される「少女」よりも幼い子供であった。
日本軍ばかりを「非道」と非難するアメリカ人らには、終戦後の日本と同様戦地でも植民地でも占領地でもなく、また日本とは違い元々敵国でもない、アメリカから見れば純粋な「保護国」と言うべき韓国にこういう「証言」があることをよく認識してもらいたい。むしろ韓国側が文句を言えない立場にあることを織り込み済みで、米兵らは付け込んでいたのではないか。

一方、北朝鮮側を護っていたのは悪名高きソ連軍で、状況はそれ以上に酷く、女性らは外出を制限されたり、貞操帯のようなものを付けさせられたりして対応せざるを得なかったと言われている。

ソ連軍の悪評は第三章でも述べたが、『帝国の慰安婦』に終戦直前の満洲にいたという元慰安婦女性のこんな「証言」が記されている。

《そうしているうちにソ連軍が押し寄せてくるのよ、ソ連軍が私たちを強姦しようとした。私にそのことは聞かないで。わたしは本当にそれは話したくない。そのことのためにわたしが記憶喪失症にかかったのかもしれない。日本兵よりもソ連兵がもっと耐えられなかった。それほど汚かった。次から次へと押し寄せてくるんだよ。どうやって出て来たのかも分からない》

慰安婦として過酷な体験をし、それを「証言」するためにわざわざ名乗り出た女性が「本当にそれは話したくない」とまで言うのだから、ソ連軍の蛮行の酷さは計り知れない。

「売春村」の始まり

そうしたそれこそ「非道」な行為も、韓国では間もなく治まった。

《そのような危機の期間は長くて二か月くらいの期間にすぎなかった。なぜなら村に売春婦たちが入ることによって、性暴行がなくなったからである。しかし売春婦がいる時も、時には強姦の噂はあった。

性暴行にさらされた村にソウルから売春婦がやってきた。彼女たちが村で部屋を有料で借りて売春することを村人は歓迎した。売春婦はだいたい三十人ほどだったが、ほぼそれぞれの家に一人ずつ民宿させていた。村人にとって売春婦の存在は、性暴行から住民を守るだけでなく、部屋を貸すことで現金収入が入るので経済的にもプラスになったのである。村の全家がそのような状況であった。「売春村」のはじまりである》

同様に、連合国軍兵士らによる強姦事件を警戒して日本政府が戦後設置したのが「連合国軍用慰安所（ＲＡＡ）」である。

そして、遡れば日本軍慰安所の設置目的もそれとほぼ同じで、こちらは日本軍なりの敵地への配慮であった。徴募に関しては、「基地村」売春婦も慰安婦と明確な差異は見られないらしい（本項で後述）。もちろん、旧日本軍兵士、米兵を中心とする連合国軍兵士がすべてそうだったわけではなく、そういう兵士らはごく一部と思われる。

吉見義明氏のように、日本軍が悪逆非道の限りを尽くしたかのように言う人は少なくないが、「南京大虐殺」を始めとする中国国民党のプロパガンダが鵜呑みにされている場合が多い（第三章で既述）。先述の如く、吉見氏は慰安所やＲＡＡ設置を強く非難していたが、韓国政府の対応に関してはどうお考えなのか。正直、私はそのこと自体を責める気にはなれない。

吉見氏は、第二次大戦中に軍中央が公認し推進する慰安所を持っていたのは日本とナチスドイツだけだったと非難する。だが、だからと言って、他国の軍が品行方正だったとは限らない。裏を返せば米軍やソ連軍は、知ってか知らずか兵士らの蛮行に何の対策も取らず、韓国側では政府が対応せざるを得なかった。

「女性の人権」を謳う吉見氏が日本軍や日本国ばかりを非難し、他国の蛮行に関してはなぜか妙に寛容であることがまったく理解できない。

韓国人ながら「中立派」とされる崔吉城氏は、慰安婦問題をかなり客観的に見てくれているとは思うが、賛同しかねる部分もある。

《日本軍の慰安婦と、米軍慰安婦は『募集』の上では明確な差異が見られない。しかし、日本が行った慰安婦制度とはあくまでも植民地として受けた行為。それに対し、米軍慰安婦は日本から解放してくれ、朝鮮戦争で味方となった国に対するものなので、韓国人の持つ感情の違いは大きい。それを理解せず、「韓国だって似たようなことをしていただろう」と言ってしまえば、和解の道は決して開かれない》

申し訳ないが、韓国とは未来永劫「和解」できるとは思わない。だから繰り返す。アメリカ・韓国に日本を非難する資格はない！

自国の兵士らの「非道」に何の対策も取らなかったアメリカに「慰安婦決議案」や「声明」を出して日本政府を非難する資格があるのだろうか。そして、一般の韓国人がどう思おうが関係ない。慰安婦問題が「女性の人権」問題だとすれば、「基地村」売春婦らもまったく同様で彼女らが苦痛を訴えていることこそが重要ではないか。相手が日本だと許せないが、アメリカなら仕方ない。要するにそんな発想で、それは韓国人のエゴでしかないのである。

この件を論じることが長きに亘りタブーであったとは言うが、これこそ「女性の人権」問題として真摯に向き合うべきであろう。

ただ、崔氏はこの後こうも述べた。

《もちろん韓国側も、政府が慰安婦問題を外交に利用すれば、ブーメランのように『米軍慰安婦』が跳ね返ってくる。慰安婦像を建てるなら、それと並べて米軍慰安婦像も建てなければならないという人もいる。幼稚な外交は今すぐやめるべきだ》

これに関してはその通りだと思う。

第七章　再検証された慰安婦問題

政府検証

簡単にまとめると、慰安婦問題は、少なくとも当時の政府には日本軍が慰安所の経営に「関与」していたかすらわかる人間がいなかったところに、国家的な「強制連行」があったと韓国の民間団体から抗議があり、それを認めるに認められない状況で吉見義明氏と朝日新聞が「軍の関与」の証拠を見つけたと大騒ぎし、当時の加藤紘一官房長官や宮澤喜一首相が訳もわからぬまま謝り、韓国側から言われるがまま河野談話が発表され「強制連行」を認めたという話になった。そしてこの河野談話こそが、韓国や国家補償論者らこの問題で日本国を批判するすべての人々の後ろ盾となり、現在にいたっては韓国や国内のみならず、事情を聞きかじった第三国からも責められているのだ。

特に九〇年代は事態の収拾に必死で、民間はともかく政府側には反論しようなどという発想そのものがなく、戦後五十年目となった平成七年（一九九五）、当時の村山富市首相はむしろ新たに「村山談話」を発表し慰安婦問題どころか侵略戦争を積極的に認めた。

それ以後の歴代政権に目立った動きはなく、今世紀に入って就任した小泉純一郎首相が国内外から非難される靖国神社参拝を強行したものの、慰安婦問題には踏み込んでいない。

そうした中、小泉首相に続き平成十八年（二〇〇六）に就任した安倍晋三首相には歴史認識に強いこだわりがあり、この第一次政権時に続き平成二十四年（二〇一二）に再度就任して以降も諸外国との軋轢を生んでいる。

そして平成二十六年（二〇一四）、河野談話の発表から二十年以上の時を経て、日本政府による検証が行われることとなった。

その基礎となったのが、同年二月二十日の衆議院予算委員会で行われた石原信雄元官房長官の証言である。その要旨は次の通り。

①河野談話の根拠とされる元慰安婦の聞き取り調査結果について、裏づけ調査は行っていない。

②河野談話の作成過程で韓国側との意見のすり合わせがあった可能性がある。

③河野談話の発表により、いったん決着した日韓間の過去の問題が最近になり再び韓国政府から提起されるのを見て、当時の日本政府の善意が生かされておらず残念である。

同証言を受け、国会での質疑において、菅義偉官房長官は「河野談話の作成過程について、実態を把握し、それを然るべき形で明らかにすべき」と答弁、政府選任の検証チームが招集された。検証チームには「強制連行」を否定する秦郁彦氏が名を連ねており、韓国メディアはこの点を批判している。

しかし、検証の目的は、河野談話作成過程における韓国とのやり取りを中心に、その後続措置である「アジア女性基金」までの一連の過程についての実態の把握であり、慰安婦問題の歴史的事実そのものを把握するための調査・検証は行っていない。

さっさと「強制」を認めろ！

平成二十六年（二〇一四）六月二十日、政府検証の結果が公表された。

先述の如く、そもそも朝日新聞が報じたのは軍の関与を示す証拠であって、勧誘に強制性があったという証拠ではない。また、その後においても、その根拠となる資料は発見されなかった。

平成四年(一九九二)七月六日、加藤官房長官は記者会見において、関係資料が保管されている省庁において資料の調査を行った結果として、「慰安所の設置、慰安婦の募集に当たる者の取締り、慰安施設の築造・増強、慰安所の経営・監督、慰安所・慰安婦の衛生管理、慰安所関係者への身分証明書等への発給等につき、政府の関与があったこと」を認め、遺憾の意を表した上で誠意ある検討を約束している。

西岡力氏の「善意の関与」論、藤岡信勝氏の「軍の管理」論、それらに対し、永井和氏の国家・軍と「業者」の関係「隠蔽化方針」論等研究者によって解釈が様々であることは先に述べた通り。加藤官房長官が述べた「慰安所の経営・監督」が政府の慰安所経営を認めたのか経営の監督を意味するのか、検証内容からはわかりかねるが、秦郁彦氏も著書『慰安婦と戦場の性』において、慰安婦の雇用契約関係が日本軍との間にではなく業者(慰安所の経営者)との間で結ばれていたと述べていた。全体の内容から考え、おそらくは政府が慰安所の運営を公認していたということになろうかと思う。

他方、加藤官房長官は徴用の仕方に関し、強制的に行われたのか、あるいは騙して行われたのかを裏づける資料は出て来なかったのかと問われ、「今までのところ発見されておりません」と応じた。

この検証でまず重要なのは、韓国政府との「事前協議」であろう。弱気の日本政府側は強気の韓国政府側の顔色を伺い、その韓国政府は「強制」の概念抜きには決して納得しなかった様子が伺われる。先の答えで韓国側は納得してくれない。同年十月中旬の日韓事務レベルのやり取りでは、韓国側から次のような反応があった。
①重要なのは真相究明である。
②強制の有無は資料が見つかっていないからわからないとの説明は韓国国民からすれば形式的であり、真の努力がなされていないものと映る。
③被害者および加害者から事情聴取を行い、慰安婦が強制によるものであったことを日本政府が認めることが重要である。

つまり「強制」の裏づけなどはどうでもよく、「強制」こそが真相で、さっさと「強制」を認めろといういかにも韓国的「強要」である。先述の如く、実際に韓国ではこの件で「反日」暴動も起こっていたので、弱気な日本政府には結構なプレッシャーだったであろう。

政府・メディアとも韓国側の姿勢は現在もこの頃とまったく変わっていないし、今でこそ河野談話が後ろ盾となっているが、実はそれがなくとも「強制連行」前提に変わりはないのである。

そして、これこそ冤罪事件にありがちな「自白の強要」に近い。ただ、冤罪事件と違い自らの罪を問われているわけではないから、認められない部分はあっても妥協しやすい状況にあったとは言える。その上、元慰安婦らの証言を裏づけも行わずそのまま受け入れたとなれば、まさに痴漢冤罪事件と同じ構造であった。もっとも、検証によれば、聞き取り調査の位置づけは事実究明よりも《それまでの経緯も踏まえた一過程として当事者から日本政府が聞き取り調査を行うことで、日本政府の真相究明に関する真摯な姿勢を示すこと、元慰安婦に寄り添い、その気持ちを深く理解することにその意図があった》とされ、調査結果について事後の裏づけ調査や他の証言との比較は行われず、聞き取り調査が行われる前から追加調査結果もほぼまとまっており、聞き取り調査終了前すでに談話の原案が作成されていたのだという。

つまり、少なくとも河野談話の作成過程において、韓国政府や韓国メディアが後ろ盾としている元慰安婦らの「証言」はそれほど大きな意味を持っていないということである。

したがって、河野談話における「強制性」の認識には裏づけがなく、主に韓国側の「強要」に従ったものと言わざるを得ない。

河野洋平氏の弁明

河野談話について、当の河野洋平氏はどう考えているのか。

聯合ニュースは二〇一五年六月十日付でこんな記事を掲載した。

【旧日本軍の慰安婦問題　河野元官房長官「強制連行あった」】

《河野洋平元官房長官は9日、東京都内の日本記者クラブで行った村山富市元首相との対談で、旧日本軍の慰安婦募集の過程で明らかに強制連行があったとの認識を示した》

日本政府が懸命に検証しても、張本人があっさり肯定するのか？

近年この河野氏と村山富市氏のコンビを方々でよく見掛けるが、お二方とも自らの名を戴いた「談話」を否定されるのが気に入らないらしく、現政権を批判している。

では、何を根拠に「強制連行」を肯定するのか。

《河野氏は、日本の軍人がインドネシアでオランダ人女性を慰安婦として扱った事件を取り上げ、「明らかに軍が強制的に連れ出して慰安婦として働かせたケース」だと説明。これはオランダ政府の調査でも明らかになっており、否定することはできないと強調した》

インドネシアでの強制売春事件「スマラン事件」については本章でこの後詳しく述べるが、実はこれこそ韓国が「強制連行」を主張する六つ目の根拠で、それは日本政府側の落ち度でもある。あの「クマラスワミ報告書」が朝鮮半島に限定されていたのに対し、河野談話は国を特定しておらず、それが拡大解釈を生んだ。

西岡力氏によれば、河野談話で「官憲等が直接これに加担したこともあったことが明らかになった」とされるのは、権力による朝鮮人の「強制連行」を認めたものではなく、先のスマラン事件を表すというのが政府見解であるそうだ。

ただし、聯合ニュースは「これはオランダ政府の調査でも明らかになっており」と平然と言っているが、事件として非常に具体的で、戦後すぐに戦犯裁判が開かれて首謀者が死刑にまでなっている事例で、日本側も当時から違法と認めていた。戦後四十五年も経ってから言い出した韓国とは事情が違うし、外国の事例を当てはめて韓国での「強制連行」を認めろと言うのは筋が違う。それなのに、当の河野氏がこれを根拠に「強制連行」を語るのだ。

そして、河野氏は河野談話の核心に触れた。

《慰安婦問題をめぐり旧日本軍の関与と強制性を認めた1993年の「河野談話」にも触れた。談話の発表時に襟首をつかんで連れて行ったことなど示す文書を見つけたわけではなかったため、結局は「強制連行」という表現ではなく「総じて本人たちの意思に反して行われた」と記述したが、強制性を否定できるものではないと説明した。

慰安婦の募集方法については「甘言によるものやうそを使って集めた。ほかの場所で働けると言って集めたこともあっただろう。先ごろ安倍（晋三）首相が話したように、人身売買の場合もあっただろう」と述べ、こうした人々は結局本人の意思に反して集められたと指摘した。

河野氏は、慰安婦を集め極めて強制的に働かせたということが最も重要だとし、「軍が移動すれば軍の準備した車に乗せられて移動した。完全な軍の管理の下に移動する。これは強制性があったとみるのは当然だ」と強調した》

当時の状況を考えると河野談話も致し方ない対応にも思われ、反国家補償論者らからいまだ悪者扱いされる河野氏がむしろ気の毒だと思っていたが、ご本人がこういう考えなら庇う必要もなさそうだ。私はまったく賛同できないし、「総じて本人たちの意思に反して行われた」責任まで負う必要があるとは思わない。理由はこれまで述べた通り。そこまで言い出したら切りがない。

ただ、河野氏はこうも言っている。

《また、河野談話は当時の宮沢喜一首相が韓国で実施を約束した慰安婦問題の調査に基づくものであり、本文で慰安婦の出身地について朝鮮半島に言及しているため、韓国を対象にした談話と誤解さ

れることもあるが、旧日本軍の慰安婦問題全般に関するものだと説明した》

したがって、これが朝鮮半島での「強制連行」の根拠にはならないと私は思うが、マイク・ホンダ氏やアレクシス・ダデン氏らはこれからもこれを根拠とし続けるであろう。

朝日新聞の開き直り

政府検証の結果公表から約一ヶ月半後、今度は朝日新聞が平成二十六年（二〇一四）八月五日・六日付朝刊で慰安婦問題を特集した。その内容がある意味政府検証以上に物議を醸す。朝日新聞が誤りを認めた、と国内他メディアは報じた。

それらとは対照的に、朝鮮日報二〇一四年八月六日付記事では次のような見出しで援護している。

【朝日新聞が安倍首相に反撃「強制連行の証拠多い」】

恥ずかしながら、そうした他メディアの報道に押されるようにして、私も朝日新聞の特集記事に目を通した。たしかに、吉田清治証言や慰安婦と挺身隊の混同といった「誤り」を認めてはいるが、私の印象はどちらかといえば朝鮮日報のニュアンスに近い。朝日新聞は開き直っているように思えた。

そもそも、朝日新聞はなぜこの特集を組んだのか。

それはもちろん、その一ヶ月半前に政府検証の結果が公表されたからということもあるだろうが、先述の如く検証の目的は主に河野談話作成過程の実態の把握であり、慰安婦問題の歴史的事実そのものを把握するための調査・検討は行っていない。

この時の特集は明らかに慰安婦問題そのものを問題にしていた。吉田証言にしろ挺身隊との混同にしろ、いずれも当初から誤りが指摘されているものばかりで、むしろ時期を逸している。

では、まずなぜ吉田証言を誤りと認めたのか。

その前に、当初の吉田証言の信憑性についてはこう述べている。

《朝日新聞は吉田氏について確認できただけで16回、記事にした。初連載は82年9月2日の大阪本社版朝刊社会面。大阪市内での講演内容として「済州島で２００人の若い朝鮮人女性を『狩り出した』」と報じた。執筆した大阪社会部の記者（66）は「講演での話の内容は具体的かつ詳細で全く疑わなかった」と話す》

具体的かつ詳細。これもまた、強要された自白や痴漢被害を訴える女性の証言に対して裁判所がしがちな評価である。

これに対し平成四年（一九九二）四月三十日、産経新聞が秦郁彦氏の調査結果をもとに証言に疑問を投げかける記事を掲載。直後、社会部の記者が吉田氏に会い、裏づけのための関係者の紹介やデータ提供を要請したが断られたという。

平成九年（一九九七）三月三十一日の特集記事のための取材の際、吉田氏は社会部記者との面会を拒否。虚偽疑惑について電話で問うと「体験をそのまま書いた」と答えた。済州島でも取材し裏づけは得られなかったが、吉田氏の証言が虚偽だという確証もなかったため、「真偽は確認できない」と表記。その後、朝日新聞は吉田氏を取り上げていない。

要するに、政府検証の十七年も前、真偽を有耶無耶にしたまま吉田証言を切り離したつもりであった。

研究が進んでいなかった？

ところが平成二十四年（二〇一二）十一月、首相就任直前の自民党・安倍晋三総裁が、日本記者クラブ主催の党首討論会で次のような発言をする。

「朝日新聞の誤報による吉田清治という詐欺師のような男がつくった本がまるで事実かのように日本中に伝わって問題が大きくなった」

これを機に、一部の新聞や雑誌が朝日新聞批判を繰り返した。

平成二十六年（二〇一四）四月から五月、朝日新聞は済州島内で七十代後半から九十代の計約四十人に話を聞いたが、当然ながら吉田氏の著書の記述を裏づける「証言」は得られない。

《干し魚の製造工場から数十人の女性を連れ去ったとされる北西部の町。魚を扱う工場は村で一つしかなく、経営に携わった地元男性（故人）の息子は「作っていたのは缶詰のみ。父から女性従業員が連れ去られたという話は聞いたことがない」と語った。「かやぶき」と記された工場の屋根は、韓国の当時の水産事業を研究する立命館大の河原典史教授（歴史地理学）が入手した当時の様子を記録した映像資料によると、トタンぶきとかわらぶきだった》

誰一人目撃者がいないことは当初から言われていたことで、それは記事にも書かれている。この他、既述の吉見義明氏の見解、命令書の中身は吉田氏の妻の日記に記されているとされていたが、吉田氏の長男の証言で日記自体が存在しないとわかったこと、吉田氏の所属する組織の命令系統や職務、吉田氏の言う時期などについて研究者から矛盾を指摘されたため、吉田氏が済州島で慰安婦を「強制連行」したとする「証言」は虚偽と判断、《記事を取り消します》とした。

吉田証言は国家制度的「強制連行」についての「証言」でもある。

もう一つ、慰安婦が「強制連行」されたと考えられる根拠となったのが、慰安婦と女子挺身隊を混同していたことであった。女子挺身隊は、基本的に「満十二歳以上四十歳未満の未婚女性を軍需工場で働かせるための勤労要員」であって、慰安婦ではない。「満十二歳以上」という基準から、日本軍は十二歳の少女まで強制動員して慰安婦にした、とまで非難された。

朝日新聞は慰安婦と女子挺身隊の混同についてこう分析する。

《原因は研究の乏しさにあった。当時、慰安婦を研究する専門家はほとんどなく、歴史の掘り起こしが十分でなかった。朝日新聞は、国内の工場で働いた日本人の元挺身隊員を記事で取り上げたことはあったが、朝鮮半島の挺身隊の研究は進んでいなかった》

たしかに、この混同にはやむを得ない面があった。朝日新聞が信用した吉田証言のみならず、それ以前の千田夏光氏の著書にも挺身隊＝慰安婦だと書かれている。当初は韓国側の認識にも同様の誤りがあったと思うが、現在はむしろ進んでそれを否定していることはすでに述べた通りだ。

朝日新聞は次の文面で誤りを認めた。

《女子挺身隊は、戦時下で女性を軍需工場などに動員した「女子勤労挺身隊」を指し、慰安婦とはまったく別です。当時は、慰安婦問題に関する研究が進んでおらず、記者が参考にした資料などにも慰安婦と挺身隊の混同がみられたことから、誤用しました》

もっとも韓国は、慰安婦と挺身隊は別物とした上で「強制連行」を主張しているので、問題はそう単純ではない（韓国とて当初どころか九〇年代後半までは確実に混同していたのだが）。

他紙を巻き込む朝日新聞

ここまではいい。問題はこの後である。

別項を設け「他紙の報道は」という検証を始めた。

《論点は、朝日新聞が今回の特集で点検の対象とした、吉田清治氏（故人）をどう報じたか▽「慰安婦」と「女子挺身（ていしん）隊」を混同したか▽慰安婦問題を報じる際、「強制連行」という言葉を使ったか――の3点》

まずは吉田清治氏の報じ方について。

《同氏を取り上げた朝日新聞の過去の報道を批判してきた産経新聞は、大阪本社版の夕刊で1993年に「人選考」と題した連載で、吉田氏を大きく取り上げた。連載のテーマは、「最大の人権侵害である戦争を、『証言者たち』とともに考え、問い直す」というものだ。

同年9月1日の紙面で、「加害　終わらぬ謝罪行脚」の見出しで、吉田氏が元慰安婦の金学順さんに謝罪している写真を掲載。「韓国・済州島で約千人以上の女性を従軍慰安婦に連行したことを明らかにした『証言者』」だと紹介。「（証言の）信ぴょう性に疑問をとなえる声があがり始めた」としつつも、「被害証言がなくとも、それで強制連行がなかったともいえない。吉田さんが、証言者として重要なかぎを握っていることは確かだ」と報じた》

産経新聞は朝日新聞との対立姿勢が明確で、かなり批判されているだけに、ここぞとばかりの反撃である。この他、読売新聞・毎日新聞も吉田氏に好意的な報道をしていたことを指摘した。

続いて、慰安婦と挺身隊の混同について。

《朝日新聞の過去の記事に両者の混同があったことを批判した読売新聞は、91年8月26日朝刊の記事「『従軍慰安婦』に光を　日韓両国で運動活発に　資料集作成やシンポも」の中で、「太平洋戦争中、朝鮮人女性が『女子挺身隊の名でかり出され、従軍慰安婦として前線に送られた。その数は二十万人ともいわれているが、実態は明らかではない』と記載している。

また、92年1月16日朝刊に掲載された宮沢喜一首相の訪韓を伝える記事でも、「戦時中、『挺身隊』の名目で強制連行された朝鮮人の従軍慰安婦は十万とも二十万ともいわれる」と記述するなど、混同がみられた。

毎日新聞も、元慰安婦の金学順さんを取り上げた91年12月13日朝刊「ひと」欄の記事の中で、「十四歳以上の女性が挺身隊などの名で朝鮮半島から連行され、従軍慰安婦に。その数は二十万人ともいい、終戦後、戦場に置き去りにされた」と報じた》

「慰安婦二十万人」説の起源は、あるいは当時の日本メディアの報道にあるのかも知れない。朝日新聞社がここで取り上げた記事につき各社の現時点での認識を尋ねたところ、毎日新聞社と産経新聞社からは回答があったが、読売新聞は回答をしなかったという。

結果的に、他社も巻き込む形となった。

ちなみに、毎日新聞は、いずれの記事もその時点で起きた出来事を報道したもので、現時点でコメントすることはない旨、産経新聞は、当該記事では吉田氏の証言や行動を紹介すると同時に信憑性に疑問があることを指摘し、その後取材や学者の調査を受け、証言が「虚構」「作り話」であることを報じた旨を各々回答している。

事件の過去の報道について調べていると、その後に調査が進んでわかった事実関係と異なることはよくあることだ。特に新聞報道はスピード勝負だからそういうことは決して少なくないであろう。他紙報道に誤りがあったとしても、理由は朝日新聞とまったく同じ。つまり、当時の研究が十分に進んでいなかったから。こういう時、他社が誤ったからと言って自らの誤りは免責されるわけではないと、朝日新聞が信頼する吉見義明先生は言わないのか。批判の原因は、当初の報道に誤りがあったとしても、早い段階で誤りに気づくことができたのに以後訂正することもなく、それを有耶無耶にして「反日」的論調を繰り返した点にある。

当初、他社が誤っていたとしても、そんなことを覚えている人などほとんどいないであろう。それこそ産経新聞は「強制連行」などを否定し続けたイメージの方がはるかに強い。その分、韓国メディアから敵視されているが、対照的に朝日新聞は韓国メディアの論拠となり、朝鮮日報にいたっては「日本の良心」とまで言っている。

自由奪われた「強制性」？

朝鮮日報二〇一四年九月三日付記事では、韓国外交部・魯光鎰（ノ・グァンイル）報道官と日本メディアの複数の記者との間に定例会見の場で慰安婦問題論争が起こったことを報じていた。

読売新聞の記者が、前月に吉田証言を虚偽と認め記事を取り消したことに言及、裏づける重要な根拠の一つがなくなったにも拘らず韓国政府は「強制連行」を主張するのか、という旨の質問をする。

それに対し魯報道官は次のように答えたという。

「慰安婦（動員）の強制性を立証しているものは無数にある。最も明らかなのは元慰安婦たちの肉声による証言だ」

すると別の記者が、「強制性」の意味について韓国政府はどう考えているのかと尋ねた。魯報道官はこう切り捨てている。

「『強制性』の意味については皆さんも常識的に知っているはず。証言も証拠もあり、世界中が知っている。万人が知っていることを証明する必要はない」

通常、朝鮮日報の記事では「強制動員」という言葉を用いることが多いが、この記事では魯報道官が意図的に使った言葉なのか終始「強制性」とされていた。それは他でもない、朝日新聞平成二十六年（二〇一四）八月五日の慰安婦特集【強制連行　自由奪われた強制性あった】という記事の中で用いられている表現である。

実は、河野談話が発表された時も、読売・毎日・産経各紙は、河野談話は「強制連行」を認めたと報じたが、朝日新聞だけは「強制連行」と表現せず、【慰安婦『強制』認め謝罪『総じて意に反した』】の見出しで記事を報じたのだという。

朝日新聞によれば、「官憲の職権を発動した『慰安婦狩り』ないし『ひとさらい』的連行」に限定する見解と、「軍または総督府が選定した業者が、略取、誘拐や人身売買により連行」した場合も含むという考え方が研究者の間で今も対立する状況が続いている。

そうした状況で、談話が本人の意思に反する「広い意味での強制連行」を認めたとは思われたものの、「強制連行」という語を使うと読者の誤解を招くと考え、慎重な表現ぶりになった。以降、朝日は「強制連行」という言葉をなるべく使わないようにしてきたのだという。

吉見義明氏を始めとする国家補償論者らが「広い意味での強制連行」を主張していることは私も認識しているが、いわゆる「強制連行」の当初の意味合い、そして韓国側が現在も主張しているのは、吉田証言に基づく慰安婦狩りのような行為か、挺身隊のように国家の制度として徴集されたような事態であったと考えて間違いはない。

魯報道官は「強制性」の根拠を「元慰安婦たちの肉声による証言」とした。だがそれも、河野談話において大きな意味を持たないことは先に述べた通りであるし、朝日新聞は同記事でこう述べている。

《93年2月、「韓国挺身隊問題協議会」は、元慰安婦約40人のうち「信憑性（しんぴょうせい）に自信が持てる」（鄭鎮星〈チョンジンソン〉・挺身隊研究会会長）19人の聞き取りを編んだ証言集を刊行。「軍人や軍属らによる暴力」があったと語ったのは4人で、多くは民間業者が甘い言葉で誘ったり、だまして連れて行ったりする誘拐との内容だった。

慰安婦たちは、徴集の形にかかわらず、戦場で軍隊のために自由を奪われて性行為を強いられ、暴力や爆撃におびえ性病や不妊などの後遺症に苦しんだ経験を語っていた》

河野談話は「慰安所の生活は強制的な状況で痛ましいものだった」「募集、移送、管理等も、甘言、強圧による等、総じて本人たちの意思に反して行われた」と認めた。

日本政府が行った調査では、朝鮮半島では軍の意思で組織的な有形力が行使される「狭い意味の強制連行」は確認されなかったと言い、談話は「強制連行」ではなく、戦場の慰安所で自由意思を奪われた「強制性」を問題とした。そのため、朝日新聞は先の見出しで記事を報じる。河野談話と同様、「強制性」は朝日新聞が苦肉の策で生み出した言葉だったらしい。

「強制連行」の証拠多い？

とはいえ先述の如く、その後研究はずっと進んでいて吉田証言によらずとも「強制連行」や強制使役があったことは証明できる、と吉見義明氏は言っているし、先の【強制連行の証拠多い】との見出しが付いた朝鮮日報二〇一四年八月六日付記事はこう述べている。

《慰安婦の強制動員を証明する資料が多い点も強調した。朝日は「（日本政府は）日本軍が組織的に連行したことを示す資料が発見されなかったというが、インドネシア、フィリピンでも日本軍が現地の女性を直接暴力的に連行した記録がある」と指摘した》

先述の如く、通常朝鮮日報では「強制動員」という語を用いることが多いが、この記事の見出しも「強制連行」とされ、また記事でも自由意思を奪われた「強制性」ではなく「連行」にこだわっていた。

また、実際の朝日新聞記事の該当部分はいささかニュアンスが違う。

《日本の植民地下で、人々が大日本帝国の「臣民」とされた朝鮮や台湾では、軍による強制連行を直接示す公的文書は見つかっていない。貧困や家父長制を背景に売春業者が横行し、軍が直接介入しなくても、就労詐欺や人身売買などの方法で多くの女性を集められたという。一方、インドネシアや中国などの日本軍の占領下にあった地域では、兵士が現地の女性を無理やり連行し、慰安婦にしたことを示す供述が、連合軍の戦犯裁判などの資料に記されている。インドネシアでは現地のオランダ人も慰安婦にされた》

中国がフィリピンに代わる程度はご愛嬌だが、それらと日本の統治下にあった朝鮮・台湾の事情はまた別の話。朝鮮日報にはこういう雑な引用記事が実に多い。それはともかく、インドネシアの件について、朝鮮日報は先の記事の続きでより具体的に述べている。

《日本軍が１９４４年にインドネシアからオランダ人女性35人を強制的に慰安婦にした「スマトラ事件」については、戦後にジャカルタで開かれた戦犯の軍事裁判でその実態が公表された。日本政府は数多くの証言や資料があるにもかかわらず、日本軍が韓国で慰安婦を強制連行するよう指示した公文書はないという理由で、強制動員を否定している。

朝日は「見たくない過去から目を背け、感情的対立をあおる内向きの言論が広がっていることを危惧する」と報じた》

どうやら、慰安婦と挺身隊が別物だと認識しながら「強制連行」を主張し続ける韓国側の根拠はここにあるらしい。文中で「スマトラ事件」とされるこの事件は、一般に「白馬事件」「スマラン事件」などと呼ばれている。朝鮮日報はこの事件を根拠に「強制連行」を認めろと言っているようなのだが、仰る通りこの件は軍事裁判で裁かれた特殊な事案で、公然と「強制連行」が行われた証拠かのように引き合いに出されると違和感がないだろうか。

黄文雄著『「従軍慰安婦」問題』によれば、この件に関しては軍律、軍法違反として軍は慰安所をすぐに閉鎖し、しかもそれに関わった軍人十一人はＢＣ級戦犯として裁かれ、一人は死刑になった。法的には七十年近くも前に終結している。

「見たくない過去から目を背け、感情的対立をあおる内向きの言論が広がっていることを危惧する」というくだりがどの部分に該当するのか不明だが、朝日新聞は次のような懸念を示した。

《河野談話が発表されて以来、現在の安倍内閣も含めて歴代の政権は談話を引き継いでいる。一方、日本軍などが慰安婦を直接連行したことを示す日本政府の公文書が見つかっていないことを根拠に、「強制連行はなかった」として、国の責任が全くなかったかのような主張を一部の政治家や識者が繰り返してきた。

朝鮮など各地で慰安婦がどのように集められたかについては、今後も研究を続ける必要がある。だが、問題の本質は、軍の関与がなければ成立しなかった慰安所で女性が自由を奪われ、尊厳が傷つけられたことにある。

これまで慰安婦問題を報じてきた朝日新聞の問題意識は、今も変わっていない》

当初の争点は明らかに「強制連行」で、それを認めろと言う韓国側の「強要」に従う形で河野談話を発表し、現在にいたるまでそれを後ろ盾に責められているのだから、裏づけのない「強制連行」を否定しそれに反論するのは当然ではないだろうか。

そして【読者のみなさまへ】と題してこう締め括る。

《日本の植民地だった朝鮮や台湾では、軍の意向を受けた業者が「良い仕事がある」などとだまして多くの女性を集めることができ、軍などが組織的に人さらいのように連行した資料は見つかっていません。一方、インドネシアなど日本軍の占領下にあった地域では、軍が現地の女性を無理やり連行したことを示す資料が確認されています。共通するのは、女性たちが本人の意に反して慰安婦にされる強制性があったことです》

またも「強制性」に話をすり替えられたと感じるのは私だけか？

スマラン事件

先の「スマラン事件」についてもっと具体的に見てみよう。

西岡力著『よくわかる慰安婦問題』によれば、これはインドネシア・ジャワ島での出先の数人の軍人による戦争犯罪行為で、彼らは軍本部の許可なく昭和十九年(一九四四)二月末から四月までの約二ヶ月間、民間収容所にいたオランダ人女性を、本人の同意なく売春婦として働かせ、戦後連合国により裁かれた事件であった。

吉見義明版『従軍慰安婦』に次の記述がある。

《一九四四年四月末、この四つの慰安所は閉鎖された。アンバラワ第九抑留所の、自分の娘を奪われたオランダ人リーダーのひとりが、苦労して俘虜収容所・民間抑留所に関する業務を担当する陸軍省俘虜管理部員兼俘虜情報局事務官小田島董大佐との会見をとりつけ、強制連行・強制売春の事実を訴えたからである。この大佐は視察のためにジャワに来たのだが、すぐに、陸軍省、南方軍総司令部または第七方面軍司令部(四四年三月創設)、第一六軍司令部に報告し、慰安所の閉鎖を勧告した。第一六軍司令部はただちに慰安所の閉鎖を命令し、閉鎖する。しかし、関係者は処分されなかった。この慰安所が存在したのは約二ヵ月間であった》

一方、秦郁彦著『慰安婦と戦場の性』では、オランダ政府の報告書に書かれているという右の事情を認識しつつ、異なる認識を示した。

《だが軍政監部本部に勤務していた鈴木博史大尉は「慰安所でひどい悲鳴が聞こえるとの話を聞き

こみ、山本軍政監（第十六軍参謀長の兼任）へ伝えると、山本は〝まずい、すぐ止めさせろ〟と怒り、翌日に閉鎖命令が出た……のちに彼女たちを集め申し訳のないことだったと謝罪した」と記憶している》

秦氏は《この鈴木証言の方が正しいのではないか》としている。

吉見氏の言う通り、閉鎖の時点で軍が関係者を処罰すべきだったが、いずれにせよ軍の閉鎖命令であったことは確かのようだ。

日本の敗戦後、この事件はオランダの軍事法廷で裁かれた。

以下は秦氏『慰安婦と戦場の性』の記述。

《一九四八年三月二十四日、オランダ軍事法廷は、「考え得る最も悪質な」犯罪と判決、当事者である南方軍幹部候補生隊の岡田少佐を死刑、能崎中将（隊長）に懲役十二年、池田大佐に同十五年など十一人に二年～二十年の有期刑を科した。そのなかには四か所の慰安所を経営する四人の日本人業者が含まれていた。

ＢＣ級裁判の法廷は慰安婦にされた三十五人のうち、二十五名が強制だったと認定している。一九九四年のオランダ政府報告書も、蘭印各地の慰安所で働らいた二百―三百人の白人女性のうち少くも六五人を強制売春の犠牲者と判定した。怒りの感情とは離れ、事実関係を冷静に見究めようとするオランダ官憲の公正な手法に感銘する。

残りは自発的志願者ともとれるが、吉見義明教授は「強制の認定やそのもととなる強制の定義が狭

すぎるのではないか……視角の狭さを感じる」とオランダ政府報告書への解説のなかで苦言を呈している》

吉見氏の見解はともかく、戦後すぐに決着している問題であって、戦後四十五年も経ってから言い出した、それも他人から言われて初めて気がついた韓国の慰安婦問題とは性質が違う。吉見氏によれば、オランダ政府報告書はこのような事例を数多く列挙しているとのことだが、オランダにはその裏づけとなる関連の資料もまた数多く存在するのに対し、韓国は吉田証言などによって初めて気がつき、裏づけが困難な元慰安婦らの「証言」によるしかない。オランダと覇権を争ったインドネシアでの、一部兵士らによる軍が違法と認めた行為を引き合いに出し、だから当時日本の統治下にあった韓国で「二十万人」が「強制連行」されたとするにはいささか無理がある。

ちなみに黄文雄氏によれば、平成五年（一九九三）に日本の弁護士がインドネシアの地方紙に「補償のために日本からやってきた。元慰安婦は名乗り出てほしい」という内容の広告を掲載し元慰安婦の登録を始めたところ、補償額二百万円がインドネシアでは約二億円に相当するため、当時生まれていなかった女性も含め二万二千人が殺到したという。当時ジャワにいた日本兵は約二万人で、《兵士一人につき慰安婦一人では全くデタラメな話》と黄氏も切り捨てている。

とはいえ、インドネシアの人々からすれば、ある日突然求めてもいない大金をくれると言うのだから、これほどおめでたい話はない。

その一方で、英字紙「インドネシア・タイムス」のジャマル・アリ会長は、中京テレビ製作のドキュメンタリー「ＩＡＮＦＵ（慰安婦）インドネシアの場合には」の中で次のように語ったという。

「実に馬鹿馬鹿しい。なぜインドネシアのよいところを映さないのか。こんな番組は両国の友好に何の役にも立たない。我々は日本を罵倒する中国・韓国とは違う歴史とプライドがある。お金なら三百六十年間我が国を支配したオランダにだって要求しない」

占領地であった東南アジアの慰安婦問題は、統治国であった韓国とは構造が異なるが、それこそ各国への戦後賠償はとっくに終わっているし、その後国家間の関係も概ね良好である。

少なくともインドネシアでは、この問題に対する認識もまた、良くも悪くも韓国とは根本的に異なるのではないか。

第八章　「世界」と話す余地はあるのか

ガラパゴス的議論？

第三章の冒頭で、第三国はろくに事情を知ろうともせず「慰安婦＝性奴隷」と決めつけて横槍を入れていることを述べた。もはや「強制連行」にこだわっているのは日本だけで、そんな言い分は国際社会では通じないと言われている。はっきり言おう。その認識は誤りだ。なぜなら、「強制連行」に最もこだわっているのは韓国であり、おそらくは「クマラスワミ報告書」を根拠としているであろう国際社会は、その根本において大きな認識違いをしているからである。

国際社会は「クマラスワミ報告書」を根拠とし、その「クマラスワミ報告書」は吉田清治証言を根拠とし、その吉田証言が虚偽と認められているのだから、国際社会の論調に従うのは本末転倒なのだ。にも拘らず韓国は国際社会を後ろ盾にしてくる。

朝鮮日報二〇一四年八月七日付記事では、朝日新聞同年八月六日付の慰安婦問題特集記事について次のように報じた。

【日本はガラパゴス的議論から脱却を】

《日本の朝日新聞は、5日に続き6日にも慰安婦問題特集を掲載し、旧日本軍による慰安婦強制動員を否定する安倍晋三首相や極右メディアを批判した。同紙は国内外の専門家のインタビューを通じ「慰安婦問題を否定する動きは、世界の反感を招くだけ」と批判した》

韓国はこの問題において「世界」を味方につけた気になっていて、実際そうなのかも知れないが、「世界」はそれほど正しいのか？

一般的には誤報への謝罪がなかったことなどが批判されていたが、私が朝日新聞の特集記事を「開き直り」と感じた最大の要因は、実はこの識者へのインタビュー記事に対する印象であった。国内外五名の識者に意見を述べさせているのだが、「強制連行」を否定し河野談話の政府検証チームにも参加した秦郁彦氏以外は全て朝日新聞を擁護している。

そして、朝鮮日報は秦氏だけを外して他四名の見解を引用し、慶応大学教授・小熊英二氏のこの論評のタイトルを記事の見出しとした。

【ガラパゴス的議論から脱却を】

《この問題に関する日本の議論はおよそガラパゴス的だ。日本の保守派には、軍人や役人が直接に女性を連行したか否かだけを論点にし、それがなければ日本には責任がないと主張する人がいる。だが、そんな論点は、日本以外では問題にされていない。そうした主張が見苦しい言い訳にしか映らないことは、「原発事故は電力会社が起こしたから政府は責任がない」とか、「（政治家の事件で）秘書がやったことだから私は知らない」といった弁明を考えればわかるだろう。

慰安婦問題の解決には、まずガラパゴス的な弁明はあきらめ、前述した変化を踏まえることだ。秘密で外交を進め、国民の了解を軽視するという方法は、少なくとも国民感情をここまで巻き込んでしまった問題では通用しない》

文中の「前述した変化」は、論説前段で言及されている民主化・情報化・グローバル化といった変化を指すと思われる。

これまで述べてきたように、国際社会は「強制連行」が証明されたと思い込んでいるが、日本側の反論を聞く耳すら持たないらしい。

朝鮮日報ではご丁寧にこんな補足までしている。

《ガラパゴスは南アメリカ大陸から1000キロも離れた孤島群で、生物が独自の進化を遂げて固有の生態系が形成されていることから、グローバルスタンダードから逸脱していることを象徴する言葉として使われる》

なるほど、わかりやすい。日本は「グローバルスタンダードから逸脱している」というわけか。だが、この問題における「グローバルスタンダード」って何だ？　あのでたらめな「クマラスワミ報告書」か？　そうだとしたら「グローバルスタンダード」の方を正さねばならない。

「強制連行」の有無が「日本以外では問題にされていない」のは、国際社会が「強制連行」を大前提としているからであろう。そして、日本で「強制連行」が問題とされるのは、少なくとも日本を責め続けてきた韓国を含む朝鮮半島において、軍慰安所で働かされた女性らを日本軍が「強制連行」した事実は証明されていないからである。誤った認識で「世界」から非難される筋合いはない。

単に「強制連行」がなければ責任がまったくないということではない。その有無により慰安所での処遇の意味合いもまったく変わってくる。仮に、日本軍が一般女性らを「強制連行」して監禁し、性奉仕を強要していたとすれば、慰安所は日本軍の「性奴隷強制収容所」とでも呼ぶべき場所だと言える。それによって「世界」から責められるのは仕方ない。だが日本軍慰安所はあくまで「占領地での強姦事件防止、および性病予防」を目的とした「日本軍公認の売春宿」であって、実際問題として元慰安婦女性らが訴える「被害」の大半は、徴募などを請け負った悪質業者の不法行為なのである。だから、根本を誤った人間に「見苦しい」と言われようが、日本は「強制連行」を否定し続けなければならない。さらに言えば、「強制連行」を否定し続けたことで、日本は責任を免れてきたであろうか？　こちらこそ、もういい加減にしてほしいものである。

クマラスワミ再び

さすがに朝日新聞はそこまでしなかったが、この事態に際し、韓国メディアは懐かしのラディカ・クマラスワミ氏に援護を求めた。

以下は聯合ニュース二〇一四年八月十二日付記事から。

【国連報告書作成のクマラスワミ氏「慰安婦問題は後退」】

クマラスワミ氏は最近の慰安婦問題を巡る動きについて「再び後退している」との懸念を示し、この問題がまだ解決していないことについて「なぜいまだに解決されないのか理解し難い」と話した。

クマラスワミ氏は個人的な見解として、日本の態度変化は国際社会の変化と言うより日本国内の政治的な問題が影響しているとした。それはその通りと考えていいかも知れない。

報告書で慰安婦を「性奴隷」と命名した理由については「被害者の証言では明らかに奴隷の状況にあったため」「女性たちが自身の意思に反し誰かによって統制されていたため」と説明した。

ここで言う「奴隷の状況」とは何を基準に言っているのか不明だが、「自身の意思に反し」は明らかに河野談話を基礎としている。

次の一文を読んでどう思うであろうか。

《日本政府がこのほど慰安婦の強制性を認めた「河野談話」を検証し「強制連行は確認できない」とする内容を公表したことについては、「明らかに大部分で強制性があった」と批判した》

そもそも、河野談話は「強制連行」とは明言しておらず、朝日新聞は「強制性」という表現を使った。この文中ではその両方が使われているが、区分が極めて曖昧に感じる。

クマラスワミ氏は「強制連行」があったと言っているのか？　だとしたら、その根拠は何なのだろう。

聯合ニュースは「クマラスワミ報告書」についてこう言っている。

《同報告書は慰安婦問題を本格的に取り上げた事実上初の国連報告書で、国際社会でこの問題を議論する際に一つの根拠となった》

だから本末転倒だと言うのだ！　国際社会は、根本に誤りがあるこの報告書を根拠に日本を批判している。「グローバルスタンダード」の方を正すべきと私が考える理由はここにあって、あのような報告書を根拠に批判されてはは堪らない。

この報告書のでたらめぶりは先に示した通りで、河野談話も含むこの報告書の根本はすでに崩れ去っている。河野談話の政府検証について聞くのであれば、むしろ「強制連行」の根拠とされる吉田清治証言が誤りだと認めた朝日新聞の記事について聞くべきだ。「クマラスワミ報告書」の根拠の一つは他でもない、吉田証言なのだから。だが、それはしていない。

根本を誤っているのだから、むしろ国際社会こそ誤りを認めるべきである。

「法的責任」と「道義的責任」

先に小熊英二氏が次のように述べていた。

《日本の保守派には、軍人や役人が直接に女性を連行したか否かだけを論点にし、それがなければ日本には責任がないと主張する人がいる。だが、そんな論点は、日本以外では問題にされていない》

これを称して「ガラパゴス的議論」と言うわけだが、同様の主張を朝日新聞自体がしていたし、吉見義明氏もまたこれとまったく同趣旨のことを言っている（本章で後述）。日本以外では問題にされていない、というのは大きな間違いだ。

それを言えば、まず韓国が黙っていないし、「強制連行」を大前提に責任を負えと言っているから、日本は反論しなければならない。

今もって「強制連行」が日本と韓国の間の主要な争点である。むしろ、吉見氏らが主張する「広い意味での強制連行」という概念こそが韓国以下の諸外国にはまったく伝わっていない。国際社会で問題にされていないとすれば、韓国のプロパガンダの成果もあって「強制連行」は大前提と誤認されているからであろう。

そしてもう一つ、その元凶と考えられるのが、他でもない「クマラスワミ報告書」なのである。報告書によれば、クマラスワミ氏は日本が負うべき責任を「法的責任」と「道義的責任」に区分した。被害者に対して何ら法的に拘束されるべきものはなく単に道義的責任しかないと考える日本政府に対し、クマラスワミ氏は法的にも道義的にも責任があるとする。

法的責任については本書第一章で述べた通り。

一方、道義的責任については報告書第Ⅷ章「日本の立場—道義的責任—」125項において次のように述べている。

《第二次大戦中の「慰安婦」の存在について、日本政府は法的責任を受け入れてはいないが、多くの発言で道義的責任は認めているように思われる。本特別報告者はこれを歓迎すべき端緒であると考える》

さらに、134項では「アジア女性基金」についてこう述べた。

《この基金は「慰安婦」の悲運に対する日本政府の道義的責任の表明として創設されたものであると、特別報告者は考える。しかしながら、これはこの女性たちの状況に対するいかなる法的責任をも否定することを明確に表明するものであり、民間から募金したいとするところにそれが反映されている。本特別報告者は道義的観点からこの基金設置を歓迎するが、しかし、それは国際法上の「慰安婦」の法的請求を免れさせるものではない》

「強制連行」を否定する人々がいかなる責任も認めていないかのように言われるが、おそらくそこまで無責任な人はいない。クマワスラミ氏の言う法的責任の主たる根拠は「強制連行」であるから、法的責任は認められないが、慰安婦の存在そのものを否定しているわけではなく、道義的責任は認めているものと思う。責任がないと主張するのは、日本は「アジア女性基金」によって相応の道義的責任を負い、それを果たしたからだ。もっとも、韓国側の主張はあくまで法的責任を負えということで、アジア女性基金などはなから認めてはいない。

国内の国家補償論者らもまた、それがなかったかのように、日本政府が何の責任も認めていないかのような批判を繰り返しているが、その辺りをごちゃ混ぜに論じてもらっては困る。

「クマラスワミ報告書」こそ再検証を！

もちろん、河野談話だけが法的責任の根拠ではない。結論にいたるまでには文献からの引用、元慰安婦らの「証言」、韓国政府や支援団体、北朝鮮政府の見解などを示している。

ただ、それらが信用に値するものだろうか。

以下は報告書第Ⅱ章「歴史的背景」28、29項の記述。

《さらにたくさんの女性を集めるために、軍に協力する民間業者や、日本に協力する朝鮮人警察官が村を訪れ、いい仕事があるといって少女たちを騙した。さもなければ、１９４２年までは、朝鮮人警察官が村にやってきて「女子挺身隊」を募集した。これによって日本政府が認める公式の手続きになると同時に、ある程度強制力を持ったのである。「挺身隊」に推薦された少女が出頭しない場合には、憲兵隊ないし軍警察がその理由を調査した。実際、「女子挺身隊」によって日本軍は地元の朝鮮人業者や警察官を利用して、地元の少女にウソの口実の下に「戦争協力」するよう圧力をかけたことは、すでに述べたとおりである》

《それ以上にまだ女性が必要とされた場合は、日本軍は暴力的であからさまな力の行使や襲撃に訴え、娘を誘拐されまいと抵抗する家族を殺害することもあった。こうしたやり方は国家総動員法の強化でさらに促進された。1938年に成立したこの法律は、1942年以降はもっぱら朝鮮人の強制連行のために使われたのである。元慰安婦の多くは、連行される過程で暴力や強制が広く行われていたことを証言している。さらに、強制連行を行った一人である吉田清治は戦時中の体験を書いた中で、国家総動員法の一部である国民勤労報国会の下で、他の朝鮮人とともに1000人もの女性を「慰安婦」として連行した奴隷狩りに加わっていたことを告白している》

吉田証言は著書『私の戦争犯罪』から直接、他は元慰安婦らの「証言」以外、あの吉見義明氏でさえ信憑性を疑うジョージ・ヒックス著『性の奴隷　従軍慰安婦』から引用しているらしい。見ての通り、朝日新聞が誤りと認めた慰安婦と女子挺身隊の混同がある上に、吉田証言を事実として扱っている。「業者」はともかく、警察官が徴募に協力していたという話も、第二章で示したように、「業者」と警察・憲兵が連携していたという吉見氏の解釈自体を私は疑っているので、信憑性があるとは思えない。

まして《娘を誘拐されまいと抵抗する家族を殺害することもあった》などという言い掛かりは、一体何を根拠に言っているのか。これこそ「クマラスワミ報告書」がでたらめたる所以である。

この報告書こそ再検証すべきなのだ！

第Ⅳ章「証言」の元慰安婦女性らの「証言」は悲惨としか言い様がない。おそらく「誘拐」「集団レイプ」とまで言われるにはそれらの影響が大きいのであろう。ただし、「証言」が嘘だと言うつもりはまったくないが、河野談話同様裏づけ調査は行われていないと思われる。

内訳は、平壌で四人、ソウルで十三人（証言したのは九人）、日本で一人の計十八人で（報告書ではなぜか十六人とされている）、報告書の分量に制限があり、その内の「いくつかを要約するほかない」との理由で名前が挙がっているのは六人のみ。

かなり具体的な体験談が示されているのは三人で、他の三人は慰安所での体験のみで「連行」については述べられていない。

要約は仕方ないし、特に酷い体験談を強調する意図はわかるが、国家的な「強制連行」があったと断定するのに三人は少なくないか？

具体的に体験談が示された三人のうち二人は、四人しか証言者がいなかった北朝鮮から選ばれている。韓国では元慰安婦らの「証言」も吟味されていて、たとえば挺対協は半数以上を不採用としたが、北朝鮮でそれが行われたとは思えず、そのまま信用していいものか。

北朝鮮の「集団虐殺」でっち上げ

報告書第Ⅴ章「朝鮮民主主義人民共和国の立場」67項では、まず北朝鮮政府の考え方が示された。

《北朝鮮政府は日本政府に対し、日本が犯した犯罪について国際法の下で全面的に責任を受け入れ、その法的責任に基づいて、「その恥ずべき過去をこれ以上隠さず精算するために」すべての行為に対して謝罪し、生存している個々の女性被害者に補償を支払い、国内法の下で「慰安婦」制度の設置に関わったすべての者を特定して訴追することを求めている》

仇敵・日本に対する、ここぞとばかりの強硬姿勢である。

日本政府が認めるべき責任の法的根拠は何かという質問に対し、平壌・社会科学学会法学研究所所長チョン・ナムヨン氏は、69、70項において次のような法的解釈を説明した。

《まず第一に、20万人の朝鮮人女性を軍性奴隷として強制的に徴集したこと、彼女たちに冷酷な性的暴行を加え、その後大半の女性を殺したことは人類に対する犯罪とみなされるべきである。さらに、日本による朝鮮半島の併合は合法的手段で行われたとは考えられず、また朝鮮半島における日本の駐留は軍事的占領の状態とみなされるため、朝鮮人女性を「慰安婦」として強制的に徴集したことは国際人道法の下での犯罪とみなされるべきである。なぜなら、これらの犯罪は占領地に住む一般市民に対して行われたものだからである。第二に、「慰安婦」制度の設置、特に強制徴集と売春の強要は、1921年の女性と子どもの売買禁止条約に違反するものである。日本は1925年にこの条約を批准している》

《第三の主張は、「慰安婦」のような軍性奴隷制は、1926年の奴隷条約に明らかに違反するというものであった。この条約は当時の慣習国際法の宣言とみなされていた。最後の点として、軍性奴隷制の行為はまた、１９４８年の集団殺害罪の防止及び処罰に関する条約（ジェノサイド条約）で言われているところのジェノサイド（集団虐殺）と見なすべきだとの見解も、特別抗告者に示された。この条約も１９４８年以前から慣習国際法の規範として広く受け入れられていたとされる。チェン・ナムヨン博士の見解によれば、日本が行ったこうした行為は、特定の国民、民族、人種、宗教集団を破壊する意図をもってなされたのであり、その集団のメンバーの身体ないし精神を傷つけ、肉体的破壊をもたらすような生活条件を集団に故意に押しつけ、集団内での出生を阻止する意図をもった措置を講じたという点で、ジェノサイド条約第２条でいうジェノサイド（集団虐殺）にあたるのである》

北朝鮮が国際法違反を主張する根拠もまずは「強制徴集」らしい。

そして、ここで朝鮮人女性のみの「慰安婦二十万人」説が唱えられているが、これこそ何を根拠に言っているのであろう。

どさくさで「韓国併合」の話を持ち出し、軍事的占領下での強制徴集、慰安所での行為を「性的暴行」と呼ぶならそれは仕方ないとして、《その後大半の女性を殺した》という話に根拠はあるのか？西岡力氏はこれを「全くのデマ」としており、『帝国の慰安婦』に見る韓国側の元慰安婦女性らの「証言」とも合致しない。

先にも述べたが、証明もせず、言えば成立するのでは困る。

裏づけを取ったとも到底思えず、本当にいい加減な報告書だ！

韓国政府は慎重姿勢だった！

これに対し、報告書第Ⅵ章「大韓民国政府の立場」では、当時の韓国政府が意外なほどの慎重姿勢を見せていたことが伺われた。

報告書によれば、韓国政府が北朝鮮と異なる立場を取るのは、戦時の日本による占領から生じる請求権が昭和四十年（一九六五）の韓国と日本の二国間条約（日韓基本条約）により処理されたからである。

だがクマワスラミ氏は、この条約が財産請求権のみを扱い、個人の損害については規定していないことに注目、「慰安婦」の被害者への補償も十分に含んでいたとする意見かどうかを質問した。

以下、報告書78、79項の記述。

《これに対し孔魯明外務大臣は、１９６５年の韓日条約は二国間の国交を「正常化」するもので、これに基づき戦時中に被った財産の損害は日本政府が補償を支払ったと強調した。その時点では、軍性奴隷の問題は取り上げられていなかった。１９９３年3月、この問題が初めて公に取り上げられた後、韓国の金泳三大統領は「慰安婦」問題に関して日本政府に対していかなる物質的補償も要求しないと、公に保証した》

《日本の法的責務に関する政府の立場としては、法務省と検察庁の高官は本特別報告者に対して、50年前に起こした犯罪について日本政府に補償すべき法的責任があるかどうか、また戦争終結時に締結された二国間ないし国際条約が「慰安婦」問題も処理したかどうかについて結論を出すのは非常に難しいと語った》

この報告書を後ろ盾にするならば、国内での違憲判決を理由に、こうした当時の認識を一方的に破棄し、慰安婦問題で今も日本を非難し続ける韓国側の人々は、今一度この部分を読み直すべきである。

ところがこれに関しては韓国側にも言い分があるらしい。

以下、ハンギョレ新聞二〇一六年一月十五日付記事から。

【「歴代政権は慰安婦問題で何もしていない」朴大統領、外交不祥事を隠すため事実歪曲】

日韓「合意」を「外交不祥事」と断じた上でこう主張する。

《金泳三（キムヨンサム）大統領は、1993年3月、日本政府に対し、政府としての物質的補償を要求しないと宣言した。放棄ではなく、「お金は必要ないから、徹底した真相究明と法的責任を要求する」という意味だった》

だが、前章で取り上げた河野談話の作成過程を見る限り、たしかに「真相究明」が重要だとは言いながら、その実態は、「強制」こそが真相だといういかにも韓国的な「強要」であった。

「強制連行」の証拠は見つからなかった、というのが真相である。

だが、それでは韓国「世論」が断固として認めてくれないので、「業者」の行為にまで範囲を広げてどうにか「強制性」を認めた。第一、仮に法的責任を認めたとして、「物質的補償」を求められなかったとは考えられない。おそらく何らかの要求があったであろう。

もっとも、当時の韓国政府には今よりはるかに理解があり、報告書83項では「アジア女性基金」へのこんな認識も示されている。

《女性のためのアジア平和友好基金の設置に関する韓国政府の立場については、外務大臣が本特別抗告者に対し、この基金は韓国と被害者の要望に応えようとする日本政府の誠実な努力だと考えると語った。しかしながら、この分野での非政府組織の活動は維持しており、その要求が満たされることも期待しているとも語った》

一方、84項ではこう述べた。

《韓国を訪れている間に、特別報告者は、政府のむしろ慎重な立場とは反対に、その他の部門すなわち政治家や学者、非政府組織の代表、女性被害者たち自身がきわめて強硬な要求を突きつけていることに注目した》

韓国では政府以外の慰安婦支援団体や元慰安婦女性ら自身、北朝鮮ではすべての人々がアジア女性基金に反発している。理屈はほぼ同じなので、第V章74項にある北朝鮮側の見解を引用しよう。

《この基金は特に、「国家補償を逃れるための策略ないしペテン」と解釈されているのである。日本政府はこの基金を設置することで、犯した行為の法的責任を逃れようとしているのだと、繰り返し表明された。この基金を設置して、日本が率先して生存する被害者に「償い金」を支払うため国民から資金集めをするというのは、「被害国」に対する侮辱であるとみなされ、同基金の即時撤回が求められている》

北朝鮮はもとより、韓国の支援団体や元慰安婦女性らのこうした強硬姿勢が「クマラスワミ報告書」の結論を導き、その後には韓国政府の姿勢さえも変えさせたのであろう。そしてそこには、平成二十七年（二〇一五）末の日韓「合意」後の状況にも通じるものがあった。

日本政府は法的責任を逃れようとしているのではなく、法的責任は認めないながら道義的責任は認めて基金を設置したのである。主たる根拠の「強制連行」のみならず「集団虐殺」まででっち上げられているのだから、法的責任は断じて認められない！

「世界」の共感は得られない？

そして朝日新聞と言えばこの人、吉見義明氏である。

【被害者に寄り添う報道必要】

先述の如く、吉見氏は早い段階で吉田証言を切り離していたし、慰安婦と挺身隊の区別についても明確にしていたので、「もう少し早い対応が望まれた」としながらも冒頭で次のように評価した。

《朝日新聞は今回の特集で、女性たちが意思に反して慰安婦にさせられたという強制性に問題があることを明確にした。軍・官憲による暴力的な強制連行がなければ日本政府に責任はないという、国際的に全く通用しない議論がいまだにあることを考えれば、改めて問題の所在を明示したことには意義があった》

たしかに、国際的には通じないらしい。マイク・ホンダ氏やアレクシス・ダデン氏らを見ればわかる。まったく聞く耳を持たない連中ばかりだ。

慰安婦問題が国外で完全に独り歩きしている。その一方で、今回の紙面を読んでも、慰安婦問題の何が課題で、何をする必要があるのか、朝日新聞が考える解決策が見えてこない、被害者に寄り添う姿勢が見えてこない、とも指摘した。

たとえば、特集にあった日韓関係の記事は、両者の応酬の末に慰安婦問題がこじれたかのように読めるが、吉見氏はこう断じた。

《一番の原因は被害者の声にきちんと向き合おうとしない日本政府の姿勢にある》

結局は日本政府の批判になっていくのだが、私は言いたい。

問題がこじれた最大の元凶は吉見先生、あなたではないですか？

そして批判は、河野談話へとおよんだ。

《そもそも河野談話は「多数の名誉と尊厳を深く傷つけた」と認めたのに、その主体が誰なのか明記していない。女性の人権を侵害した軍や日本政府の責任があいまいにされたため、アジア女性基金では、本来政府が担うべき「償い金」を民間が支払うという根本の「逆転」を許してしまった。これでは被害者は納得できるはずはない》

今回の紙面は、被害者の存在を無視するかのような日本政府の問題について触れていない。特集での河野談話に関する記事は、政府検証の結果をなぞり、追認しているだけのように見える。

慰安婦問題は日韓請求権協定で解決済み、女性基金でも対応したし、「未来志向」が大切だと日本政府は言うが、こうした姿勢と朝日新聞も同じ立場なのだろうか、と厳しく追及。

そして吉見氏は、問題の解決策を提言した。

《解決のためには、女性の人権侵害をした主体が軍であることを政府が明確に認めることだ。その上で、謝罪し、補償し、教育にも反映すべきだと思う。

国外では慰安婦問題が浮上したあと、旧ユーゴやルワンダで起きた女性への集団レイプと慰安婦問題が、戦時下での女性への性暴力として繋がっているという認識が広がってきた。しかし、国内ではこの問題が私たちの未来のためにも克服すべき課題だという理解がなかなか進まない。

しかも、慰安婦問題をめぐっては日本の責任を認めようとしない言論が今も一定の支持を集めている。どこの国にも見られるように、根底には自国の誇りや名誉を守りたいという意識があるのだろう。個人であれ国であれ間違うことはある。それでもその時に過ちを認め、再発防止の措置をとることが誇りにつながるはずだ》

慰安所での接客を「輪姦」と表現してしまう吉見氏のことだから、設置の目的が「占領地での強姦事件防止」だと誰よりもわかっていながら、慰安婦問題と「集団レイプ」を平気で同列に扱ってしまう。そして簡単に謝れと言うのも昔から変わらないが、謝ったが最後、その後には弁解の余地も与えてもらえない。

同紙で見解を述べた五人中四人は「女性の人権」問題と述べるが、直情型で、百年来の「反日」国家である韓国の政府が、純粋に「女性の人権」問題としてこの問題を追及していたと思うのか？

韓国政府は明らかに慰安婦問題を政治利用していた。

吉見氏は最後に朝日新聞へエールを送っている。

《朝日新聞には被害者の立場を忘れずに、慰安婦問題を報道し続けてもらいたい。「過去の克服」をせずに、現在直面する課題に取り組もうとしても、世界の共感は得られないであろう》
あなたが根本を誤らせた「世界」の共感に価値などあるだろうか。

変わらぬ朝日新聞の認識

慰安婦問題における日韓「合意」から約三週間後、朝日新聞は平成二十八年（二〇一六）一月十九日付記事で同紙の世論調査の結果を公表する。


【慰安婦問題、軍関与認定「評価する」60％　朝日新聞世論調査】

《朝日新聞社が16、17両日に行った全国世論調査（電話）では、慰安婦問題をめぐる日韓合意について、「評価する」は63％に上った。日本政府が旧日本軍の関与と政府の責任を認めたことについても「評価する」は60％で、「評価しない」23％を大きく上回った》

韓国とは違い、日本では「合意」を評価する人が多いようだが、《日本政府が旧日本軍の関与と政府の責任を認めた》という言い方にいささか違和感を覚えた。調査ではこんな聞き方をしている。

「今回の合意で、日本政府は慰安婦問題をめぐる旧日本軍の関与と政府の責任を認めました。このことを評価しますか、評価しませんか」


さらには、同日付の別記事でこう報じていた。

【慰安所の設置管理「軍が関与」　安倍首相】

《安倍首相は18日の参院予算委員会で、昨年末の日韓外相の慰安婦問題に関する共同発表に盛り込まれた「軍の関与」について、「慰安所の設置、管理に旧日本軍が直接、間接に関与した」などと説明した》

平成四年（一九九二）一月、吉見義明氏が発掘したと朝日新聞が最初にスクープしたのは、「強制連行」ではなく「軍の関与」の史料である。

つまり、朝日新聞は吉見氏同様、当初から慰安所設置への「軍の関与」自体が悪いと言い続けていて、それから二十四年が経過し、その一年半前には当初の報道の誤りを認めたにも拘らず、これまで日本政府が「関与」すら認めなかったかのような印象操作を繰り返した。だが、それは河野談話で言われていることで、日本政府は談話の作成過程を見直しはしたが、「軍の関与」を否定したわけではない。

それにしても、安倍首相はなぜ改めて先のような発言をしたのか。

《日本のこころを大切にする党の中山恭子氏は予算委で、共同発表について「総理は強制連行的なものがあったと証明するものではないと述べていたにもかかわらず、今回『軍の関与』と発表した。日本軍が強制連行、惨殺した事実は全くない」などと質問した。

これに対し安倍首相は、「政府が発見した資料の中には、軍や官憲によるいわゆる強制連行を直接示すような記述も見当たらなかった」「その立場に全く変わりはない」と強調した。

首相はその上で、共同発表の「当時の軍の関与の下」について「慰安所は当時の軍当局の要請により設置され、慰安所の設置、管理及び慰安婦の移送について旧日本軍が直接あるいは間接に関与し、

慰安婦の募集については軍の要請を受けた業者が主にこれに当たった」と説明した》

私には安倍首相の認識が十分理解できるし、共感もできる。

だが、これに韓国メディアが噛みついた。

やはり同日付で中央日報がこう報じている。

【安倍首相「慰安婦強制連行の証拠ない…戦争犯罪と認めない」】

《安倍晋三首相が慰安婦強制連行の証拠はないという立場を繰り返した。先月の韓日慰安婦合意についても「(旧日本軍慰安婦に関し)戦争犯罪のたぐいのものを認めたわけではない」とし「(慰安婦問題は)日韓請求権協定で解決済みとの立場は変わらない」と述べた。18日に国会議事堂で開かれた参院予算委員会でだ》

そして朝日新聞と同内容を伝えた上でこう述べた。

《日本の代表的な歴史団体「歴史学研究会」が2014年10月に声明を通じて「日本軍が慰安婦の強制連行に深く関与し、実行したことは揺るぎない事実」と安倍首相の主張に反論したが、これを改めて否認したのだ》

文中「歴史学研究会」については本書の後文でたっぷり述べたい。

それはともかく、韓国側がこだわるのはあくまで「強制連行」である。

《安倍首相の発言に対し、外交部の当局者は「日本政府の慰安婦強制動員はすでに国際的にも立証された確固たる真実であり、日本側がこれを論議の対象としようとすることにいちいち対応する価値もない」と一蹴した。続いて「日本軍が慰安婦を強制動員したという事実は被害者の証言、連合国の文書、極東国際軍事裁判所の資料、インドネシア・スマラン慰安所関連のバタビア臨時法廷判決、クマラスワミ報告書、オランダ政府の調査報告書など、さまざまな資料で確認されている」と反論した》

根拠に「クマラスワミ報告書」「スマラン事件」を挙げている時点で「いちいち対応する価値もない」。ここで挙がっている「資料」にはほとんど本文中で言及してきたが、「極東国際軍事裁判」、いわゆる「東京裁判」で慰安婦問題が取り上げられただろうか。お互い様と言えるかも知れないが、こちらはこちらで「合意」後も認識はまったく変わらない。そして韓国では安倍首相の発言も、第五章で取り上げた桜田義孝氏の発言と同じく「妄言」と言われる。

これで終わりではない

何より、「世界」の認識がまったく変わっていない。

アメリカで慰安婦像撤去を求め訴訟に踏み切った目良浩一氏は産経新聞平成二十六年（二〇一四）十二月三十一日付のインタビュー記事でこう述べる。

【朝日新聞の誤報謝罪のインパクト、米ではゼロ】

《今年8月に朝日新聞が吉田清治による慰安婦狩りの証言をめぐって、それらが誤報だと認めたことをきっかけに、朝日新聞をやっつけろ、廃刊しろという声が強まった。日本国内では慰安婦問題はこれで終わったという感じを持っている人が出てきたようだが、朝日が誤報を認めたことの米国でのインパクトはゼロ。影響は全くない。慰安婦問題が終わったなんてことは毛頭なく、米国で慰安婦問題は中韓系によっていまも推進されているので、朝日新聞が誤報を認めたぐらいで終わったと認識するのは大間違いだ。問題はいまから。その点で、政府も民間も大いに努力しなければならない》

実際、「反日」アメリカ人はまるで聞く耳を持たないで、そうした人々がむしろ問題を拡大させていることは第一章で述べた通りである。

朝日新聞が誤報を認めても、終わりではない。朝日は「世界」に対して詫びろという「世論」に対し、朝日が世界中で読まれているわけではないから意味がないという意見もある。

目良氏もまたこう述べている。

《朝日新聞が誤報と認めた記事にしても米国人で朝日を読んでいる人が果たして何人いるか。いないに等しい。読売新聞も英字紙で『性奴隷』の表現を使用したことを謝罪したが、読売が書いたからといって事態が変わるわけではない。圧倒的に米国のインテリ層は吉見義明教授の英文の慰安婦本を真実だと思っている。吉見氏の本に対抗するような慰安婦に関する著書を米国で出版しなければ米国人の意見は変わらない。英文による慰安婦の資料が非常に少ない。その中で吉見的な見解がいまのところ主流を占めている。それに打ち勝つような英語でしっかりとした資料、単なる一枚、二枚の宣伝文ではなく、注釈を完備した学術的な著書が米国で出されなければいけない》

『帝国の慰安婦』「日本語版のための序文」にもこう書かれていた。

《二〇一四年九月現在、朝日新聞社はいわゆる「吉田清治証言」について誤報を出したとして批判されています。しかし、日本の多くの方々が考えるのとは違って、強制連行説が世界に広まったことにおける吉田証言の影響はさほど大きくありません。少なくとも、吉田証言は韓国ではあまり知られていません。そして国連報告書に引用されてはいますが、吉田証言にはさほど重きをおかれているわけでもありません》

間違いなくこの問題の発火点であるはずの吉田証言が、韓国であまり知られていないとは意外な話である。そう言われると、韓国メディアが引き合いに出すのは第三章で挙げた六つの後ろ盾のうち他の五つである場合が多い。韓国ではすでに慰安婦と挺身隊が別物と認識されているし、吉田氏が「慰安婦二十万人」説を唱えているわけでもなく、吉見義明氏もそれとなく切り離していたので、吉田証言とは関係なくその後の誇張で盛り上がっているということだろうか。

とはいえ、朝鮮日報を始めとする韓国メディア、ニューヨーク・タイムズなどは朝日新聞の論調に依拠して日本政府を批判している。また、これまで吉田証言は日本国内で明らかに疑問視されていながら、韓国やアメリカ他諸外国では事実と認識されてきた。

たしかに「クマラスワミ報告書」での引用はごく一部だが、重きを置かれていないとは思わないし、「世界」がいまだに論拠とするこの報告書で事実として扱われたまま放置されていることが問題なのである。

特に韓国には、吉田証言こそがこの問題の発火点なので、朝日新聞がそれを誤報と認めたことを認識させる必要があるのではないか。

慰安婦問題はもはや日韓間だけの問題ではない。詫びろとまでは言わないが、せめてここで認めた誤りを「世界」に発信していくことには大きな意味がある。

前項で引用した中央日報二〇一六年一月十九日付記事には、奇しくも安倍首相の国際社会に対する認識が示されていた。

《安倍首相は外国メディアの報道に対しても批判的な立場を表した。「日本のこころを大切にする党」の中山恭子議員が「国際社会に日本に対する誹謗があるが、歴史的事実をきちんと知らせて名誉を守るべきだ」と指摘したことに対し、「海外プレスを含め、正しくない誹謗中傷があることは事実だ。性奴隷、あるいは（慰安婦の数が）20万人といった事実はない。政府として、それは事実ではないと、しっかりと示していく」と強調した》

私は民間人として、「世界」と対峙する現政権を支えていきたい。

日韓「合意」を国連が一蹴？

誤解が解けたわけではないながら、少なくとも国際社会には平成二十七年（二〇一五）末の日韓「合意」を歓迎する雰囲気があった。

ところが、思わぬ方向からこれに横槍が入る。平成二十八年（二〇一六）三月七日、国連の「女性差別撤廃委員会（CEDAW）」が「合意」に対し否定的な見解を示した。

やはり当初から否定的であったハンギョレ新聞は、我が意を得たりとばかり同年三月八日付記事で詳細に報じてくれている。

【国連女子差別撤廃委、韓日「慰安婦」合意を批判】

同記事によれば、女性差別撤廃委員会は二十人ほどの女性問題専門家で構成された国連傘下の女性人権機構で「強制連行」を認め、平成六年（一九九四）、同十五年（二〇〇三）、同十六年（二〇〇四）、同二十一年（二〇〇九）には日本政府に対し、責任を認めて賠償するよう求めているのだという。

平成六年（一九九四）と言えば「クマラスワミ報告書」以前、平成十六年（二〇〇四）までは安倍首相の第一次政権発足以前である。つまり、これに関しては安倍首相の歴史認識とはまったく関係がない。

その勧告が履行されていないこと、さらには委員会の質問に応じ日本側がその前月に「強制連行」が証明されていない旨の答弁をしたことが気に入らなかったらしく、これはハンギョレ新聞に限らず他の韓国メディアでも一斉に批判されていた。

同記事はこう報じる。

《また撤廃委は「最終的かつ不可逆に慰安婦問題を解決した」とする昨年12月の韓日の慰安婦の合意発表も一蹴した。撤廃委は「不可逆的に問題を解決したというのは犠牲者中心のアプローチではない」とし、「日本政府は合意を履行する過程で、犠牲者や生存者の主張を受け入れ、真実と正義、そして犠牲者に対する賠償を補償しなければならないだろう」と求めた。

撤廃委は、日本が教科書に慰安婦関連の内容を削除したことに関しても、一般市民が分かるように復活させることを注文した。撤廃委は「一部の元慰安婦ハルモニ（お婆さん）たちは、彼女らが体験した酷い人権違反行為に対し、日本政府に公式の責任を認められないまま死亡しており、日本は教科書から慰安婦問題を削除した。日本政府は慰安婦問題を教科書に載せ、客観的かつ歴史的な事実をより多くの学生や一般人が分かるよう保障せよ」とした。さらに撤廃委は「治癒のための犠牲者の権利を認め、公式的な謝罪と犠牲者が満足できる完全かつ効果的な賠償と補償も提供しなければならない」、「次の審議報告書に犠牲者や生存者の権利を保障するため、どのような措置を取ったのか報告せよ」と要求した。

撤廃委は「慰安婦問題は国連拷問防止委など多様な国連人権メカニズムの再三の勧告にも依然として解決されていない」、「日本政府は最近、韓国政府と慰安婦問題で合意したが、国連の各種勧告をきちんと履行せずにいるのは遺憾」と明らかにした》

私自身、そもそも本当に「合意」できたのかを疑ってはいるが、国家間の「合意」が天下の国連傘下とはいえ二十名程度の組織如きに一蹴された？　あのうるさかった韓国政府とどうにか「合意」し、「世界」がそれを歓迎しようとも、国連が認めてくれないとは。

この問題は一体何層構造になっているのか。

そして国連は、国際情勢など知ったことではないようである。

国連の認識もまた当初からまったく変わっておらず、こんな調子では「クマラスワミ報告書」の再検証など望むべくもない。というより、むしろこの「勧告」の基礎が「クマラスワミ報告書」なのであろう。「強制連行」大前提のこの「勧告」を、「強制連行」を否定する日本が受け入れると思うのか？この「勧告」こそが、自分たちが絶対、言うことを聞けという「強制」に他ならない。

国連側は日本側の言い分を聞く耳などはなから持たないのだから、日本側も結局はこの「勧告」を無視する以外にない。韓国が歪曲して発信し「世界」で独り歩きしたフィクションを、日本が逆輸入して教科書にまで記載する必要はない。

アレクシス・ダデン氏、マイク・ホンダ氏ら「反日」アメリカ人に対しても併せて言うが、マグロウヒル社世界史教科書ただ一冊に対する日本政府の是正要請とは比較にならない独善的な指図を、彼らは日本国全体に対して平気でしている！　慰安婦問題を、特に未成年の学生が使う教科書に記載するのは適切ではない。それはもちろん不祥事の隠蔽などではなく、慰安婦問題が旧日本軍の「大人の事情」だからである。まして「本人たちの意思に反して」女性らが慰安婦（売春婦）にされたことは、軍ではなく当時の売春業者の裏事情で、歴史の授業で教えることではない。どうしても関心がある学生には、本書を読んでもらえば十分である。

当然ながら、日本政府はこの「勧告」に遺憾の意を表した。

一方、従来こうした「勧告」には必ず乗っかってきた韓国政府も、この時ばかりはそうも行かなかったようである。

聯合ニュース同年三月八日付記事がこう報じた。

【韓国「被害者の要求最大限反映」　国連委の慰安婦合意指摘に】

《韓国の外交部当局者は8日、国連の女性差別撤廃委員会が韓国と日本政府による昨年12月の慰安婦合意について「被害者中心のアプローチがとられていない」と指摘したことに関し、「被害者と関連団体が要求してきた要点を最大限に反映した」と述べた》

少なくとも韓国政府には「合意」を維持しようという気概が感じられるが、支援団体は「勧告」を後ろ盾するに違いない。

中立の立場にありながら実は偏見の塊に過ぎず、なおかつ下手に権威があって高飛車な国連がある意味最も厄介だ。

それでも「世界」とは話す余地がある！

要点だけ述べると、韓国側が認めて謝罪しろとこだわるのは当初から「強制連行」で、日本政府は当然それが争点と考えているが、吉見義明氏はその証明にはこだわらず「軍の関与」自体を批判して拡大解釈により「強制連行」を成立させようとし、その影響下にある「世界」は「軍の関与」＝「強制連行」と誤解して日本国を批判している。

日韓「合意」の副産物とでも言うのか、先の中山恭子氏の認識に見るように、日本国内で慰安婦問題を取り沙汰して議論しようという政治家の中にも、「軍の関与」＝「強制連行」と考える認識不足の人々がまだまだ少なくないことがわかった。

これは保守・左派を問わない。その認識で、保守系は「合意」に反発し、左派系は前々から日本国を非難している。朝日新聞はそれを織り込み済みで「軍の関与」を強調しているのだろうか。もっとも、朝日新聞にその違いが認識できていないはずはない。思えば慰安婦問題が持ち上がり始めた当初は、吉見氏と朝日新聞に日本中がそう錯覚させられていたのだ（第二章で既述）。そしてそれこそが、今も韓国や「世界」の認識そのものである。

韓国人ながら『帝国の慰安婦』著者の朴裕河氏はその辺りをしっかり理解しているが、ハーバード大学のジョセフ・チェ青年はまさにその認識で安倍首相を責めた。元慰安婦らや支援団体はさらに誇張して、今も「世界」に虚偽を発信し続けている（第四、五章）。

だが、日本軍慰安所は「世界」が非難する「性奴隷強制収容所」などではない。「日本軍公認の売春宿」以外の何物でもなく、その意味での「軍の関与」なのである。韓国や「世界」はこの点を誤解していている。だから慰安婦＝売春婦であることを認めないし、「軍の関与」＝「強制連行」だと信じて疑わない。

日本国民の間でも考え方が分かれるのは仕方ないが、せめて基本的な認識だけは誤らないでほしいものである。

吉見氏、そして慰安所を客観的に理解する朴裕河氏も、慰安所自体が「女性の人権」を蹂躙するいかがわしい施設で、その運営に軍が関わるなど以ての外と考えているようだが（さらに言えばその原因を「人種差別」や「植民地支配」に帰結させたい。第三、五章）、こうなるともはや慰安所の存在に対する倫理観の問題である。

吉見氏によれば、慰安所設置の目的は「占領地での強姦事件防止、および性病予防」であった。それでも吉見氏は、日本とナチスドイツ以外の他国の軍中央は軍隊が慰安所を管理・統制することを決して公認しなかったと言い、設置自体を非難する（第三章）。

だが、他国の兵士らが必ずしも品行方正だったわけではない。

第六章他で示したように、一部の米兵やソ連兵は保護国であるはずの韓国や北朝鮮でも、もはや「女性の人権」どころの話ではない、野放図な女性の略奪・強姦（女性とも限らない）を行っていた。だとしたら、慰安所の善し悪しや効果はともかく（吉見氏は「あまり役だっていない」と言って憚らない）、自国の兵士らの「非道」に何の対策も取らなかった「世界」は正しいのか。

おそらくこの問題で日本を弁護してくれようというアメリカ人はほとんどいないとしても、「非道」の烙印を押して非難する「反日」アメリカ人もまた一部であろう。大半は北東アジアの片隅での諍いになど大して関心がなく（欧米諸国にとっては対ロシアや中東など自国に関わる問題の方がはるかに大きいはずである）、聞きかじった話に口を挟んでいるだけの人々も多いのではないだろうか。だとしたら、韓国・中国や「反日」アメリカ人と話すのは無駄だが、その他の人々とは話す余地は十分にあると思う。

日韓「合意」に対して、韓国国内の露骨な反発はもちろん、日本国内にも保守派の不満が燻っており、安倍政権の支持をやめると言い出す保守派もいる。「合意」もまたこの問題の終わりではなく、新たな闘いの始まりと見るべきなのかも知れない。

だがよく考えてほしい。この問題において決して味方ではないアメリカの民主党政権が「合意」を支持し、「反日」勢力に活動の自粛まで呼び掛けてくれた。

一方、アメリカの韓国系団体はそれにまで反発している。決裂した場合、「世界」はこれをどう見るのか。政府は別として、韓国のメディアや「世論」は日本に責任を押しつけた上で「合意」を破棄することを画策している。それだけは絶対に避けなければならない。序文でも述べたが、破棄する場合責任は百パーセント韓国側に負ってもらう。

では、いかにして「世界」の認識を変えるのか。私見として、逆説的ではあるが、「反日」アメリカ人の論拠である吉見義明論理に則り、彼らの国の兵士らの「非道」のために誕生した韓国「基地村」売春婦について考えることが鍵ではないかと思う。

彼女らは性奴隷ではないのか。違うとしたらそれはなぜか。

彼女らは売春婦である。「強制連行」されたわけではない。予測される答えはいくつかあるが、吉見論理では売春婦も「性的搾取を受けた女性」、何らかの「強制」による「被害者」なのである。

吉見氏は慰安所での処遇を根拠に「慰安婦＝性奴隷」と断定した。「基地村」売春婦の処遇もそれと同等か、それ以下である。なぜ慰安婦だけを憐れみ、売春婦を蔑むのか。この矛盾を「世界」に問い質さなければならない。そして、吉見氏が日本軍による慰安婦の「強制連行」を証明できていないことだけは明確に認識させる必要がある。

あとがきにかえて——敵は「世界」だけではない

本文中、韓国のメディアが「強制連行」を主張する後ろ盾として次の六点を挙げた。

①元日本兵・吉田清治氏の「強制連行」証言（第二章）
②元慰安婦らの「証言」（第二章）
③平成五年（一九九三）八月四日に発表された「河野談話」（第二章）
④クマラスワミ報告書（第一章、第八章）
⑤吉見義明氏の研究（第三章）
⑥平成六年（一九四四）インドネシアでの「スマラン事件」（第七章）

実はこれら以外に、近年韓国の新たな後ろ盾が出て来たのである。

中央日報二〇一四年十一月一日付社説が次のように伝えた。

【日本の歴史学界が認めた慰安婦動員の強制性】

《安倍晋三首相は軍隊の慰安婦動員の強制性に対する判断は歴史学界に任せるべきだという態度を見せてきた。安倍内閣の菅義偉官房長官が公開的に明らかにした立場でもある。菅義偉官房長官は先月22日の記者会見で、日本軍慰安所内の性接待の強制性に関し、「国内外の歴史学者に任せなければならない」と言明した。安倍内閣が今何というのか気になる。日本歴史学界を代表する歴史学研究会が「日本軍が慰安婦強制連行に深く関与して実行したのは揺るがない事実」と述べたからだ。

安倍内閣は、太平洋戦争末期に済州から女性を慰安婦として強制連行したという、いわゆる「吉田証言」に基づいて作成した16件の記事を朝日新聞が取り消したのを契機に、慰安婦強制動員を否定する大々的な「キャンペーン」を行った。吉田証言が虚偽と明らかになったため全体の慰安婦動員に強制性がなかったという方式で世論を導いてきた。しかし2100人の会員からなる日本最大・最高権威の歴史学研究会は「吉田証言の真偽とは関係なく、日本軍の関与のもとで強制連行された慰安婦が存在したのは明らかだ」という公式的な立場を表す声明を最近発表した》

ちなみに、東亜日報も同年十月三十一日付で同内容を報じている。

この社説は「歴史学研究会」が「日本最大・最高権威」だと強調し、「強制連行」があったことを断言したという話を引っ張るばかりで、なかなかその根拠を言ってくれない。

何か新しい根拠が出て来たのか？　と思わされる。

また、《吉田証言が虚偽と明らかになったため全体の慰安婦動員に強制性がなかったという方式で世論を導いてきた》と言うのだが、そもそもこの問題の発端が吉田証言ではなかったのか。吉田清治氏が慰安婦狩り的あるいは国家制度的「強制連行」を偽証したため、それを認めろというのが韓国側の主張ではないのか？

そして社説はようやく歴史学研究会の論理に言及する。

《歴史学研究会は「強制連行は安倍首相の言う『家に乗り込んでいって強引に連れて行ったケース』に限定されるのではなく、甘言や詐欺、脅迫、人身売買など、本人の意思に反した行為も含めると見なすべきだ」と指摘した。安倍首相がなかったと指摘する拉致形態の強制連行もインドネシア・スマランや中国山西省の事例で明らかになり、韓半島（朝鮮半島）でも被害者の証言が多数存在すると説明した。歴史学界の後ろに隠れて慰安婦問題から手を引くのが難しくなってきたのだ》

言っていることは吉見義明氏とほぼ同じだ。本書第三章で既述の「広い意味での強制連行」に他ならない。それもそのはず、歴史学研究会には吉見氏も属している。

要するに、吉見氏と同種の人々の集まりということで、「強制連行」の後ろ盾として新たに加える必要もあるまい。そしてここに来て、「強制連行」を認めろの一辺倒であった韓国メディアが（それは基本的に今も変わらないが）、ようやく吉見氏の論理を理解し、吉田証言が否定されたためそれに乗っかり始めたというだけの話である。

具体的な反論は後に譲りたいが、二つだけ指摘しておく。

「家に乗り込んでいって強引に連れて行ったケース」は何も安倍首相独自の定義ではなく、そもそもそうした「強制連行」を「証言」したのが吉田清治氏であった。

また「拉致形態の強制連行」の「証言」は確かにあるが、特にインドネシアで一部の日本兵らが現地のオランダ女性らに強制売春を行わせたとされる「スマラン事件」などは当時の日本国が違法と認め、戦犯裁判で裁かれて首謀者は死刑になっており、法的にはすでに終了している。吉田証言に触発され戦後四十五年も経ってから言い出した韓国の慰安婦問題とは性質が違うし、韓国で「二十万人」が「強制連行」されたという証明にはならない（第七章で既述）。

もう一つの「中国山西省の事例」に関しては本文中でまったく言及していないので、いささか説明を加えよう。

吉見版『従軍慰安婦』では、「中国では、元慰安婦に対する聞き取り調査がほとんど進んでいないので実態がよくわからないが」と前置きした上でこんな「証言」を紹介している。

《万愛花は、一九二九年に内モンゴルで生まれたが、家が貧しかったので、四歳のとき山西省盂県に売られた。一一歳から抗日運動に参加したが、四三年に日本軍に三度捕まり（監禁の期間はそれぞれ二〇～二六日）、そのたびに輪姦されたという》

吉見氏は《これは一定期間の監禁輪姦のケースである》とした。これが事実なら明らかな性犯罪で、それこそ「性奴隷」と言っていいケースだが、慰安婦問題に該当するだろうか。もちろん「輪姦」は恥ずべき行為だが、「一一歳から抗日運動に参加」し、具体的に何をして三度も捕まったのかがよくわからない。

秦郁彦著『慰安婦と戦場の性』によれば、万愛花さんを含む五名の女性が平成七年（一九九五）八月七日東京地裁に提訴をしたのだという。

そこには万愛花さんの経緯がより具体的に示されていた。

《十一歳の時から共産党に入党、抗日運動に参加していたが、十五歳の一九四三年六月、日本軍に捕えられ、進圭社村の拠点に連行された。石洞に監禁され、赤ら顔の隊長や歯の長い将校や兵士に八路軍の情報を吐け、と拷問され輪姦されたが、一言も吐かなかった。

三日後に逃げ出し村へ戻ったが、八月に再び捕えられ、一か月後に逃げたが十二月に連れ戻された。骨を折られ失神したあと川に棄てられたが、助けられた。

しかし不具同様の身となり、事実上の夫である李五小は私を別の男に売ってしまった。現在は村を離れ一人で太原に暮らしている。私は日本軍を死ぬほど憎んでいる。私は今も党員で、「元慰安婦」ではない》

《「元慰安婦」ではない》はご本人の意思だが、この経緯を客観的に見ても、万さんは慰安婦ではないと思う。万さんの付添人は「勇敢に戦った抗日の戦士」と紹介していた。

これに対し他の四人は山西省盂県の山村に生まれ、進圭社村に駐屯する日本軍に拉致監禁され慰安婦にされたと申し立てているが、いずれも生年月日すら明確でないため被害時期も特定できず「証言」は漠然としていて、「漢奸」が介在しているケースが多い。

漢奸とは日本軍に協力する中国人で、村長を含む村の幹部、警官、保安隊員、密偵通訳その他いかがわしい連中だが、八路軍（共産党軍）に通じている者も少なくなかった。この四名も慰安所で働かされたわけではなく、いずれも監禁され連日暴行・レイプされたという被害で、中にはそこに漢奸も加わっていたという「証言」もある。

ちなみに、秦氏の調査の結果、当時進圭社村に駐屯していた軍はその後沖縄で玉砕していたことがわかったが、それでも転勤などによる生存者三名を探し出し、女性らの申し立てについて感想を聞いたところ、あり得ないと強く否定したという。その理由は、進圭社村は対八路軍の最前哨ポストで民心を失ったらたちまち全滅する、上層部が軍紀にうるさかったなどだが、万愛花さん他別の女性の「証言」にも登場する「赤ら顔の隊長」など存在しないという「証言」もある。何より、この件に関してはなぜか中国政府が協力的ではなかったそうで、スマラン事件とは違って資料的な裏づけには乏しい。

そもそも、これを慰安婦の「強制連行」と捉えるべきなのか。当時の風潮に乗っかるように、彼女らは元慰安婦として名乗り出てはいるが、慰安所で働かされていた女性だから慰安婦なのであって、彼女らはそうではない。個別の婦女暴行事件として考えるべきであろう。「一定期間の監禁輪姦のケース」などと、これを慰安婦問題かのように拡大解釈する吉見義明氏にも大いに問題がある（もっとも吉見氏には「従軍慰安婦」のまったく別の定義がある。第三章）。そうした区分を、おそらくは意図的に曖昧にすることで、吉見氏らは「慰安婦＝性奴隷」という印象づけを図っているのではないか。

そしてこれも、決して新たに出て来た話ではない。

平成二十七年（二〇一五）五月二十五日、アレクシス・ダデン氏らの【日本の歴史家を支持する声明】に呼応するかのように、おそらくは「世界」が支持する「日本の歴史家」の集まりであろう、先の歴史学研究会を含む日本国内の歴史学関係十六団体が連名で声明を発表した。

それほど長くはないのでその全文を示す。

【「慰安婦」問題に関する日本の歴史学会・歴史教育者団体の声明】

《『朝日新聞』による2014年8月の記事取り消しを契機として、日本軍「慰安婦」強制連行の事実の根拠を失ったかのような言動が、一部の政治家やメディアの間に見られる。われわれ日本の歴史学会・歴史教育者団体は、こうした不当な見解に対して、以下の3つの問題を指摘する。

第一に、日本軍が「慰安婦」の強制連行に関与したことを認めた日本政府の見解表明（河野談話）は、当該記事やそのもととなった吉田清治による証言を根拠になされたものではない。したがって、記事の取り消しによって河野談話の根拠が崩れたことにはならない。強制連行された「慰安婦」の存在は、これまでに多くの史料と研究によって実証されてきた。強制連行は、たんに強引に連れ去る事例（インドネシア・スマラン、中国・山西省で確認、朝鮮半島にも多くの証言が存在）に限定されるべきではなく、本人の意思に反した連行の事例（朝鮮半島をはじめ広域で確認）も含むと理解されるべきである。

第二に、「慰安婦」とされた女性は、性奴隷として筆舌に尽くしがたい暴力を受けた。近年の歴史研究は、動員過程の強制性のみならず、動員された女性たちが、人権を蹂躙された性奴隷の状態に置かれていたことを明らかにしている。さらに、「慰安婦」制度と日常的な植民地支配・差別構造との連関も指摘されている。たとえ性売買の契約があったとしても、その背後には不平等で不公平な構造が存在したのであり、かかる政治的・社会的背景を捨象することは、問題の全体から目を背けることに他ならない。

第三に、一部マスメディアによる、「誤報」をことさらに強調した報道によって、「慰安婦」問題と関わる大学教員とその所属機関に、辞職や講義の中止を求める脅迫などの不当な攻撃が及んでいる。これは学問の自由に対する侵害であり、断じて認めるわけにはいかない。

日本軍「慰安婦」問題に関し、事実から目をそらす無責任な態度を一部の政治家やメディアがとり続けるならば、それは日本人が人権を尊重しないことを国際的に発信するに等しい。また、こうした態度が、過酷な被害に遭った日本軍性奴隷制度の被害者の尊厳を、さらに蹂躙することになる。今求められているのは、河野談話にもある、歴史研究・教育をとおして、かかる問題を記憶にとどめ、過ちをくり返さない姿勢である。

当該政治家やメディアに対し、過去の加害の事実、およびその被害者と真摯に向き合うことを、あらためて求める》

ダデン氏らがマグロウヒル社世界史教科書問題で同年二月に声明を出した時点で「日本の歴史家」が吉見義明氏であることは認識していたが、その仲間がこれほど大勢いるとは思わなかった。「支持する」と言われて反論などするわけがなく、むしろまったく異なる理屈で「世界」を援護してくれる。

第一と第二に関しては吉見氏の論理とまったく同じと言っても過言ではないので、多くは語るまい。ただ、私は吉見氏が主張する「広い意味での強制連行」という概念にまったく賛同できないし、「慰安婦＝性奴隷」とは考えていないことだけははっきり述べておく。

吉見氏は官憲や軍による「強制連行」を証明できていない。そのため、官憲や軍が直接的に連れ去る事例のみならず、「業者」の行為も含めて「強制連行」を強引に成立させてしまった。つまり、吉見氏が証明したと「世界」が信じて疑わない「強制連行」は、吉見氏の解釈論の産物に過ぎない。実質的には「業者」の行為のみを「強制連行」と言っている。

また、河野談話は「強制性」の概念は広げても、「強制連行」という言葉は使っていない。それは河野洋平氏や朝日新聞も認めている。慰安婦を「奴隷」のように扱った者がいたとすれば、それは日本軍ではなく、あくまで悪質売春業者で、慰安婦を厚遇する良心的「業者」も確実に存在し、必ずしも奴隷状態ではなかった（第三章）。そして「近年の歴史研究は」と言いながら、吉見氏の二十年も前の話と何ら変わりはなく、新事実が出て来たとは言い難い。政府が河野談話の作成過程を再検証し、朝日新聞が吉田証言を誤報と認めた事実の方がはるかに進展であると私には思える。

第三の「脅迫などの不当な攻撃」は私も認めないし、報道の影響はあっただろうが、「誤報」の強調は誤りだろうか。吉田証言による「強制連行」は、単なる一事例とは訳が違う。これこそが慰安婦問題の発端であり、これが「誤報」であったとすれば、この問題の根幹に関わる話ではないか。脅迫を行う不届き者の責任まで負わされてはメディアも堪らない。

先の声明を読んで気になるのは、歴史学者対政治家・メディアという対立の構図を意図的に作っていることである。歴史学者は皆同じ見解だとでも言うのだろうか。

朝鮮日報二〇一五年五月二十六日付記事はこう言っている。

【日本学者「否定する人々は専門家ではない」】

《この問題に関して、日本の学者たちが個人として見解を表明したことはあるが、団体として声明を出したのは今回が初めてだ。声明を主導した歴史学研究会の久保亨委員長（信州大学教授）は「安倍政権が『日本政府は慰安婦問題に対し責任がない』と言うのは実に無責任だ。韓国・中国の学者たちと会うと『日本であなたのような人は少数ではないか』と言われるが、決してそうではなく、私たちのように考えている学者が大多数であることを知らせたくて共同声明を準備した」と述べた。同席した埼玉学園大学の服藤早苗教授も「テレビに出て『慰安婦を強制動員したという証拠はない』という政治家や学者がいるが、そのような人々は多数ではなく、専門家でもない。史料をきちんと研究した人は誰もが慰安婦問題を認め、実際には私たちのように考えている学者が多数だ」と述べた》

相手の立場や意見を尊重せず、「多数ではなく、専門家でもない」とは、歴史学者以外の見解には価値がないとでも言わんばかりの随分と傲慢な物言いに思えるが、どうだろうか。自らの見解を述べるのは勝手だが、このプロパガンダはやり方として卑怯である。

私も専門家ではないし、あくまで一民間人として発言しているが、だからこそ言わせてもらおう。歴史は歴史学者のものではない。そして、歴史学界はアホの集まりなのか？　それだと、たとえ専門家だろうが何千人集まっても意味はない。主に第二章、第三章で指摘したが、「史料をきちんと研究した」歴史学者らはそれをしばしば誤読、あるいは、持論の主張に必要な部分のみを引用しており、お陰で「世界」は誤誘導されている。

さらには史料により「強制連行」が証明できず、苦し紛れで「広い意味での強制連行」を主張することが歴史学者のやることか？　官憲や軍による「強制連行」を証明できないから、大多数である悪質業者の不法行為まで強引に取り込んで、いや、実質的にはそれのみで「強制連行」を成立させようとしているのではないか？

ちなみに吉見氏が述べた「強制連行」を証明する史料を発見できなかった理由は、私が確認できた限りでは次の三つ。

①そもそも違法な命令書を書くはずがない。

②機密書類は終戦後に焼却された。

③日本政府が隠し持っている可能性がある。

③にいたってはあのラディカ・クマラスワミ氏に伝え、それは日本政府の悪事であるかの如く報告書にも書かれている。

数の論理を持ち出すなら、連れ去り事例に「朝鮮半島にも多くの証言が存在」と言うが、挺対協公認の証言者十九名中そう「証言」するのは四名の少数派に過ぎない（大半が「業者」絡み）。単に「強制連行」がなければまったく責任がないということではなく、その有無により慰安所での処遇の意味合いも大きく異なる。

吉田証言は慰安婦狩り的「強制連行」の「証言」であると同時に、国家制度的「強制連行」の「証言」でもあった。吉田証言の反証によって全体を否定することを批判しながら、一部の事件や「証言」により全体的な「強制連行」を肯定できるのか？　これは「南京大虐殺」肯定派の人々も同じなのだが（実際、慰安婦問題の肯定者らと重複する場合が多い）、彼らは「木を見て森を見ず」ではなく、「木を見て森と見なす」のである。

つまり、一部の事件を殊更に強調して全体を証明したことにしてしまうのだが、それが「大虐殺」

の証明になるはずがない。「慰安婦二十万人」の「強制連行」に関してもまったく同様で、悪質業者や一部の悪い兵士らの犯罪を日本軍全体に負わせてしまう。

歴史学研究会がいたくお気に入りらしい中央日報は、二〇一五年五月二十七日付社説でこう述べた。

【安倍首相、自国の歴史学界の慰安婦自省論を聞け】

《「慰安婦などの歴史問題は、歴史家に委ねるべきだ」と何度も強調してきたのは安倍首相自身だ。海外に続き自国の歴史学者までが安倍首相の歴史観の批判に出てきたので、彼がどう出てくるのかとても気になる。自身の言動に責任を負う信頼の政治家ならば、今からでも誤りを認めて慰安婦の犠牲者に謝罪するのが正しい。

安倍首相の過去の歴史歪曲と共に、私たちの眉をひそめさせているのは日本のマスコミの態度だ。慰安婦の強制連行問題は現在、韓日間の疎通を妨げている核心イシューだ。にもかかわらず読売・朝日・毎日・日経などの日本の4大紙のうち関連ニュースを載せたのはただ1つ進歩的傾向の朝日だけだった。制限された情報だけを選んで読ませる選択的報道は、読者らにバランスを保った見解を持たせないようにする。消極的歪曲であり「ジャーナリズムの自殺行為」だ。こうした状況ならば、せっかく出てきた歴史学者の忠誠心にあふれた呼びかけが日本社会にまともに波及するわけがない。日本の政界とマスコミは、不都合であっても慰安婦に絡んだ真実を直視して、きちんと伝えるべきだ》

相変わらず自国中心の独善的な物言いである。

ちなみに、中央日報同年五月二十六日付記事によれば、韓国政府は日本政府に対し、自国の歴史団体の声を直視すべきとの見解を述べたそうだが、土台日本の歴史学者の見解が一つであるわけがない。「親日」的発言をすれば刑事告訴されかねない国とは違い、日本の歴史学界の見解は一つではなく、歴史学研究会が「日本最大・最高権威」であろうが、反対意見も確実に存在する。安倍首相はこの程度でいちいち動じない。

そして、歴史問題は歴史家に委ねるべきではないと思った。

当時の日本が悪ければ悪いほど、韓国はもちろん、大東亜戦争の直接的な対戦国で「原爆投下」という人類史上最悪の「非道」まで行った、アメリカを中心とする連合国側諸国にとっても実は都合がいい。その方がより自らの「非道」を正当化できる。それもさることながら、そもそも当時「世界」の大半を「植民地支配」していたのは連合国側の諸国であった。要するに「勝てば官軍」の論理で日本が悪者にされている。

そして、その「連合国史観」に最も影響されているのが、実は皮肉にも誰より歴史教育に精通する日本の歴史学者であることがよくわかった。おそらく彼らは小中学生の頃から歴史教育の優等生で、教わった歴史が大好きであったがゆえにその研究に一生を捧げ、学べば学ぶほど自国が悪い国だったと確信したのであろう。

もちろん全員がそうだと言うのではなく、それこそ歴史学研究会を中心とする、慰安婦問題の責任を負いたがる人々である。たとえば吉見版『従軍慰安婦』を読むと、まるで日本が諸悪の根源であったかの如くお考えのようで、お仲間の認識もそれとほぼ変わらない。この人々が研究者のみならず教育者でもあるのだから、そもそも日本が連合国史観から解き放たれることなどこの先も無理であろう。彼らは、今現在も誇張した情報を「世界」に発信し続ける韓国および韓国系のプロパガンダをそのまま真に受けている。

その韓国では、特に歴史学者の見解を尊重し、朴裕河氏なども専攻が日本文学で歴史の専門家ではないという理由により軽視されているが、それこそ朴氏を見てわかる通り、慰安婦問題で少しでも否定的な見解を示せば、韓国では刑事告訴すらされかねない。

そもそも子供の頃から「反日」歴史教育を叩き込まれ、その研究に一生を捧げた韓国の歴史学者らこそが「反日」の申し子なのであって、彼らの大半が韓国側に偏った見解を示すのは必然である。歴史問題を歴史家に委ねるなどとんでもない。むしろ、国内外の歴史学者こそが日本国を潰しかねないという認識を持つべきではないだろうか。我こそが専門家、「強制連行」を解釈論により強引に成立させ、声明まで出してわざわざ韓国メディアを調子づかせる、日本の歴史学会らの傲慢に対し本当に腹が立つ。

また、中央日報は一体何様か。平成二十六年（二〇一四）六月二十五日の「基地村」元売春婦ら百二十二人による集団訴訟を報じた様子が、少なくとも中央日報を始めとする韓国メディアの日本語版サイトでは確認できなかった。「制限された情報だけを選んで読ませる選択的報道」「ジャーナリズムの自殺行為」などとはよく言えたものである。

それはともかく、朝日新聞が誤報を認めたことで一定の決着を見たと思われた慰安婦問題は、国際社会により蒸し返され、それに呼応した日本の歴史学会らが束になって声を上げ始めた。「世界」が誤る慰安婦問題。それが本書のテーマであった。

ところが、むしろ敵は日本国内にこそ多かったのかも知れない。アレクシス・ダデン氏が「吉見チルドレン」であることは認識していたが、それは日本国内でも立派に増殖していた。

ただし、国外と国内ではその論理が異なる。国外が「決めつけ論法」なら、国内は「こじつけ論法」だ。そしてそれは、かつての吉見義明氏の論理と何ら変わらない。したがって、日本政府がこれに動じる必要はないと私は思う。

平成二十八年（二〇一六）二月下旬、韓国では慰安婦問題を題材にした『鬼郷』なる映画が公開され、大ヒットを記録したという。日本国内でこの映画を観ることは難しいと思うが、韓国メディアで報道された宣材写真を見る限り、それこそ少女らが日本兵に銃を突きつけられたり、「強制連行」されるシーンがあるらしい。韓国メディアはこの大ヒットこそが「民意」だと報じた。

北朝鮮問題が落ち着けば、慰安婦問題が民間から再燃する可能性は大いにある。その時「世界」はそれをどう受け止めるのか。

何より、それに呼応して国を売ってしまいかねない国内の歴史学者らが実に厄介である。彼らに対して政府が動けば、今度は「学問の自由」を後ろ盾に言論弾圧だと騒ぎ出すに違いない。民間の問題には民間で対応していく必要性を強く感じている。

参考文献

「朝鮮日報」（二〇一三年十月八日／十一月二十一日／二〇一四年八月六日／八月七日／九月三日／二〇一五年一月二十一日／二月八日／三月二十六日／四月二十八日／五月二十六日／六月十九日／九月二十一日／十一月二十日／十一月二十七日／十二月三日／十二月十日／十二月二十三日／十二月二十九日／十二月三十一日／二〇一六年一月二日／一月六日／一月十四日）

「ハンギョレ新聞」（二〇一五年一月三十日／二月六日／四月二日／四月二十五日／十二月二十九日／二〇一六年一月八日／一月十五日／一月二十日／三月八日）

「東亜日報」（二〇一四年十月三十一日）

「中央日報」（二〇一四年十一月一日／三月四日／五月二十七日／十二月十六日／十二月三十日／二〇一六年一月十九日／一月二十一日）

「聯合ニュース」（二〇一五年三月三十日／四月二十七日／四月二十九日／六月十日／九月二十四日／十二月二十八日／十二月三十日／二〇一六年三月七日／三月九日）

「人民網」（二〇一五年四月二日）

「ニューヨークタイムズ」（二〇〇九年一月八日）

「朝日新聞」（二〇一四年八月五日／八月六日／九月四日／二〇一五年五月八日／十二月二十九日／十二月三十日／二〇一六年一月十九日／一月二十一日）

「産経新聞」（二〇一四年十二月三十一日／二〇一五年一月十二日／二月二十日／十二月二十八日／十二月二十九日）
「読売新聞」（二〇一五年十二月二十九日）
「毎日新聞」（二〇一五年十二月二十九日）
「月刊正論」（二〇一四年一月号）
「週刊新潮」（二〇〇九年一月二十二日号）
「週刊文春」（二〇一五年四月二日号）
『従軍慰安婦』吉見義明　岩波新書
『「従軍慰安婦」をめぐる30のウソと真実』吉見義明・川田文子編　大月書店
『従軍慰安婦資料集』吉見義明編　大月書店
『共同研究　日本軍慰安婦』吉見義明・林博史編　大月書店
『従軍慰安婦』千田夏光　三一書房
『私の戦争犯罪』吉田清治　三一書房
『証言―強制連行された朝鮮人軍慰安婦たち』韓国挺身隊問題対策協議会　明石書店
『岡村寧次大将資料　上巻―戦場回想篇』稲葉雅夫編　原書房
『よくわかる慰安婦問題』西岡力　草思社文庫
『慰安婦と戦場の性』秦郁彦　新潮選書
『「慰安婦」問題とは何だったのか』大沼保昭　中公新書

『「従軍慰安婦」問題』黄文雄　ＷＡＣ
『帝国の慰安婦　植民地支配と記憶の闘い』朴裕河　朝日新聞出版
『入門韓国の歴史』石渡延男監訳　明石書店
『汚辱の近現代史』藤岡信勝　徳間文庫
『南京事件の日々』ミニー・ヴォートリン　大月書店
『南京の真実』ジョン・ラーベ　講談社
『南京戦　閉ざされた記憶を尋ねて　元兵士１０２人の証言』松岡環編　社会評論社
『韓国の米軍慰安婦はなぜ生まれたのか』崔吉城　ハート出版

上田英明（うえだ　ひであき）

昭和 43 年、北海道札幌市出身。東洋大学法学部法律学科卒業。
学生時代より脚本家を目指し、7 度の転職を経て平成 15 年より執筆専業。平成 19 年、日本映画製作者連盟主催城戸賞最終候補。

「世界」が誤る慰安婦問題
「非道」の烙印

平成二十八年七月二十日　第一刷発行

著　者　上田　英明
発行人　藤本　隆之
発　行　展　転　社

〒157-0061　東京都世田谷区北烏山 4-20-10
TEL　〇三（五三一四）九四七〇
FAX　〇三（五三一四）九四八〇
振替〇〇一四〇―六―七九九九二

印刷製本　中央精版印刷

©Ueda Hideaki 2016, Printed in Japan
乱丁・落丁本は送料小社負担にてお取り替え致します。
定価［本体＋税］はカバーに表示してあります。

ISBN978-4-88656-428-3